이태원의 항공이야기

feat. 항공기 우표

李泰元

故 이태원 선생이 한진그룹에서 걸어온 길

1963.11	대한항공공사(대한항공 전신) 입사
1973 ~ 1978	㈜대한항공 도쿄, 파리, LA 지점장
1979 ~ 1982	㈜대한항공 미주본부장
1982	㈜대한항공 영업 이사
1985 ~ 1995	㈜대한항공 기획담당 임원 (최종직위: 부사장)
1986 ~ 2000	한진그룹 경영조정실장 (겸임)
1988	한진해운 기획담당 전무 (겸임)
1996 ~ 2000	㈜한진 대표이사 사장
1997	동탑산업훈장 수훈
주요 저서	현대항공수송론, 이집트의 유혹, 비행기이야기, 현대항공수송입문, 몽골의 향수, 터키의 매혹, 항공여행 아는만큼 즐겁다, 앙코르와트의 신비, 둔황-막고굴의 속삭임

■ **사이버 항공 박물관 greatsky.co.kr 개설 운영**

40년간 수집한 항공우표 1만 5천 점 중 일부와 항공사진, 항공관련 자료 수록

이태원의 항공이야기

feat. 항공기 우표

지은이 | 이태원
엮은이 | 윤 신
기 획 | ㈔한국항공정책연구소
펴낸이 | ㈜와스코

WASCO 월간항공

< 프롤로그 >

35년이라는 오랜 시간 동안 곁에서 뵈어 온 故 이태원(李泰元) 선배님은 우리나라의 항공운송산업이 아시아의 변방에서 벗어나 글로벌 무대로 진출하는데 매우 큰 기여를 하신 분이라고 말씀드릴 수 있을 것 같습니다.

한진그룹을 창업하시고 수송보국(輸送報國)을 실천하신 고 조중훈 회장님과 대한항공을 세계적 수준의 항공사로 성장시키신 고 조양호 회장님의 2대에 걸쳐 최고의 전략 참모로서 대한항공의 민영화에서부터 글로벌 항공사로 인정받게 된 지금까지의 항로를 기획하고 선도하는 역할을 해 오셨기 때문입니다.

이태원 선배님은 1937년 경북 상주에서 태어나셨고, 경기중·고등학교와 서울대학교 법과대학을 졸업하셨습니다. 호는 화운(禾耘)을 쓰셨습니다. 1963년 국영 대한항공공사에서 출발하셔서 ㈜대한항공 부사장을 거쳐 2000년 3월에 ㈜한진 사장으로 퇴임하실 때까지 평생을 항공운송 및 물류와 더불어 살아오신 우리나라의 산업화 1세대 전문 경영인이십니다.

늘 인재 양성이 경영자의 가장 중요한 책무 중 하나라고 강조하셨고, 선배님을 보고 배운 여러 인재들이 항공운송 및 물류 관련 기업에서 많은 활약을 해 왔고 지금도 하고 있습니다. 또 업무로 정말 바쁘셨던 와중에도 항공운송사업에 대해 집대성한 국내 최초의 전문서적인 《현대 항공수송론(1991)》과 하늘을 향한 인류의 끝없는 도전을 아주 쉽고 재미있게 쓰셔서 스테디셀러가 된 《비행기 이야기(1999)》를 집필하시고, '남북한 항공 수송망 구성 방안', '21세기와 미래교통의 전망', '21세기 항공수송의 전망' 등 다수의 논문도 쓰셨습니다. 이 모든 것에 본인이 축적한 지식과 경험을 후세에 제대로 전하고자 하는 뜻이 담겨 있다고 생각합니다.

2018년 가을 점심식사 자리였습니다. 본인의 건강과 체력이 약해지는 것을 느끼셨는지 평생 동안 열정과 애정을 가지고 모아 오신 전 세계의 항공기 우표 15,000여장을 저희에게 주시면서 "내가 남겨주는 것이니 사장(死藏)시키지 말고 의미있게 사용해서 빛을 보게 해 주었으면 좋겠다."라고 말씀을 하셨는데

선배님의 조금은 수척해지신 모습을 뵈면서 저희들의 마음도 무척 착잡했었던 기억이 납니다.

이제 그토록 사랑하시고 동경하시던 하늘의 구름으로 가신 지 벌써 1년이 되었습니다. 다시 뵐 수는 없지만 평소의 카리스마와 엄격함에 가렸던 사석에서의 따스하고 인자했던 웃음을 기억하고 싶은 후배들이 선배님에 대한 존경과 그리움을 담아 작은 선물을 준비했습니다.

고인이 1990년대 초반에 《길》이라는 대한항공 발행 잡지에 연재하셨던 '비행기 이야기' 칼럼의 내용과 평생 모으신 귀한 항공기 우표를 같이 담은 이 책 《이태원의 항공이야기 feat. 항공기 우표》이 고인을 추모하고, 고인이 늘 생각하셨던 후대들에게 하늘과 항공에 대한 꿈을 가지도록 하는 것에 조금이나마 기여할 수 있기를 기대합니다.

이 책을 기획할 수 있었던 것은 제게 있어 큰 행운이자 부담이었습니다. 많은 주위 분들의 격려와 도움이 없었다면 이 책의 출간은 어려웠을 것입니다. 헌정도서 발간에 의기투합한 석태수 전 ㈜대한항공 부회장과 우기홍 ㈜대한항공 사장, 물심양면으로 지원해 준 고인의 장남 이윤재 부사장, 표지 디자인과 할아버지 캐리커쳐 작업을 해 준 고인의 손녀 지우, 자료조사와 원고교정 등 기획 업무를 같이 한 (사)한국항공정책연구소의 마이클 권 대표, 김광석 전 아시아나항공 부사장, 이은별 연구원 그리고 이 책이 멋진 모습으로 세상에 나오게 해 준 〈월간항공〉의 노상래 대표와 직원 여러분들에게 이 자리를 빌려 거듭 큰 감사를 드립니다.

계묘년 3월 가양동 연구실에서

윤 신

(이태원 선배님이 수집하신 우표의 상당수는 웹 사이트 www.greatsky.co.kr에서 확인하실 수 있습니다.)

< 헌정의 글 >

젊은 날 늘 힘찬 목소리와 믿음직함으로 저희를 이끌어 주셨습니다.
모든 것을 행동으로 보여주신 진정한 사표(師表)이셨습니다.
몇 년 전에 그 선배님으로부터 정말 특별한 선물을 받았습니다.
평생 모아오신 항공기 우표를 저희들에게 주신 겁니다.
그날 무언가 아쉬움이 가득했던 모습과 음성을 기억합니다.
그러시고는 저희가 일상에 쫓기는 사이에 하늘로 떠나셨습니다.

죄송하게도 이제야 선배님의 말씀을 따르는 첫 발을 뗍니다.
흩어져 버렸을지도 모르는 선배님의 뜻을 다시 생각해 봅니다.

이 헌정 도서를 준비하면서 항공을 향한 그분의 애정을
다시 만났습니다.
예전에 자신이 살았던 곳을 돌아보며 추억에 잠기듯
선배님과 같이 했던 가슴 뛰는 순간들을 추억할 수 있었습니다.

그곳에 있던 당신의 마음을 이제 저희도 조금 알 것 같습니다.
선배님을 알게 되어서, 자랑스러운 후배가 된 것 같아서 많이 행복했습니다.
감사와 존경과 애정을 담아 이 책을 헌정 드립니다.
하늘나라에서 지켜보시면서 너그럽게 웃어 주시면 좋겠습니다.
오래 기억하겠습니다. 감사합니다.

2023년 4월
석태수, 윤 신, 우기홍 드림

목 차

CONTENTS

목 차

CONTENTS

01

날고 싶어 하는 인간의 꿈

인류는 태어난 고향의 대지(大地)와 동경의 대상인 별 세계와의 중도에 와 있다. 대기권 정복의 단계는 끝나고 우주 정복을 진행 중인 셈이다. 새처럼 하늘을 날고 싶다는 오랜 꿈은 몇 천년의 세월을 거치며 하늘 정복의 역사를 이루어 왔다.

Public Domain

다이달로스와 이카로스

01 날고 싶어 하는 인간의 꿈

하늘과 우주 정복의 발자취

비행 상징 Allegorical Figure of Flight
(스위스, 1923년)

새처럼 하늘을 자유로이 날고 싶다는 염원은 인류가 생긴 이래의 오랜 꿈이었지만 그 꿈이 실현되기까지에는 몇천 년이 걸렸는지 모른다. 사람은 제일 먼저 대지를 정복했고 다음으로 배를 발명하여 바다를 정복하였다. 그러나 새의 날개만은 쉽게 만들지 못하여 동경의 대상인 하늘이나 별은 올려다볼 수 있었을 뿐 그를 정복할 수는 없었다. 따라서 근세에 이르기까지 하늘을 비행하는 것은 무리라고 생각했었다. 이같이 굳게 닫혀있던 하늘의 영역에 인간이 발명하여 첫발을 들여놓게 된 것은 불과 200여년 전의 일이었다.

그때로부터 하늘은 여러 가지 수단에 의해 정복되어 왔다. 속도가 느린 비행선, 비행기처럼 폭음을 내지 않는 글라이더, 번개와 같은 로켓 등이 그 수단으로 사용되었다. 그러나 이러한 경기구나 비행선만으로는 엄격한 의미에서 인류가 하늘을 지배하였다고 할 수 없었다.

라이트 형제

윌버, 오빌 라이트 형제와 플라이어 1호.
최초의 동력비행 성공 75주년 기념 항공 우표(루마니아, 1978년)

레오나르도 다 빈치와 비행장치
(이탈리아, 1932년)

실제로 비행의 꿈이 실현된 것은 20세기 초에 이르러 라이트 형제가 공기보다 무거운 장치를 사용하여 첫 비행에 성공함으로써 비로소 이루어졌다. 하늘을 비행하는 가장 간단한 방법은 낙하산이나 글라이더를 타고 공중을 활공하는 것이다. 그러나 역사적으로 인간이 시도해 온 비행 방법을 살펴보면 두 가지로 집약된다. 하나는 공기보다 무거운 것으로 하늘을 비행하려는 시도였다. 이것은 새를 모방하여 하늘을 날려고 최초로 과학적인 시도를 한 15세기 르네상스 시대의 천재 레오나르도 다 빈치(Leonardo da Vinci)로부터 시작되었다.

사실 옛날에는 하늘을 날고 싶어하는 인간에게 힌트를 줄 수 있었던 것으로는 새밖에 없었다. 그러나 새를 모방하여 날개를 움직여 하늘을 날려고 한 조인(鳥人, birdman)은 용감하였지만 항공공학의 진보에는 아무런 공헌도 하지 못했으며 처음부터 실패로 끝날 운명에 있었다.

그 후 많은 선구자들이 비행 기계의 발명을 위하여 끊임없는 연구와 많은 시행착오를 거친 끝에 1903년에 라이트 형제(Wright Brothers)가 동력을 사용하여 공기보다 무거운 비행 기계로 공중을 비행하는 데 성공함으로써 인류 최초의 비행의 꿈이 실현되었다.

그 비행 원리와 성공의 비결은 공기역학의 응용, 곧 동력 비행의 근본인 비행기와 공기 간의 상호작용에서 생기는 공기역학적인 힘의 응용에 있었다.

또 하나의 발상은 부력을 이용하여 공기보다 가벼운 것으로 하늘을 비행하려고 시도한 것으로서 이미 17세기에 고안되었고 18세기 프랑스의 몽골피에(Montgolfier) 형제가 발명함으로써 이루어졌다. 그 후에 체펠린(Zeppelin)의 거대한 열(熱) 공기식 비행선으로까지 발전하였다. 이 비행방식은 비교적 쉬웠기 때문에 한때는 상당히 유행했지만 안전성이 높고 조종성을 지닌 비행기가 발명되면서 점차 그 자취를 감추게 되었다.

그리하여 라이트 형제 이래 불과 수 십년 만에 인간은 새처럼 멀리 그리고 높이 날 수 있게 되었다. 이와 같이 항공기의 비약적인 발달의 이면에는 항상 공기역학의 이론이 뒷받침하고 있었다.

몽골피에 열공기기구
(가봉, 1973년)

경식비행선의 발명자
체펠린 탄생 100주년
기념 우표
(독일, 1938년)

LZ 127 그라프 체펠린 비행선

National Air and Space Museum

라이트 형제의 군용 비행기 '라이트 모델 A'

물론 항공기의 진보에 공헌한 학문이 공기역학만은 아니다. 항공기 설계의 진보를 비롯하여 항공기의 구조, 항공 재료, 특히 엔진 등과 관련한 항공공학의 발전을 지적하지 않을 수 없다. 다만 항공기는 전쟁과 밀접한 관계를 가지고 발달하였다는 점이 실로 유감스러운 일이 아닐 수 없다.

전설이나 공상의 날개는 현실적으로 제트기와 초음속기로 발전하였다. 세계를 불과 몇 시간 거리로 연결하는 오늘의 항공은 현대전(現代戰)을 좌우하는 결정적 요인으로서 파괴적 위력을 발휘할 뿐만 아니라 세계의 정치, 경제, 문화, 종교의 교류와 보급에 크게 기여하고 있으며 현대를 규정하는 중요한 요인이 되고 있다.

이제 인류는 태어난 고향인 대지와 동경의 대상인 별 세계와의 중도에 와 있으며 대기권 정복의 제1단계는 끝나고 우주권 정복을 해 나가고 있다. 1959년 초에 인간이 만든 정교한 인공위성이 처음으로 지구의 중력권을 벗어나 태양계의 작은 혹성(惑星)이 된 이래 인간은 달 착륙에 성공하였고, 그 후 계속적인 우주비행 기술의 발전으로 스페이스 셔틀(Space Shuttle)을 비행시킴으로써 미지의 무한한 우주 공간의 정복에 도전하고 있다. 이와 같은 하늘 정복의 역사와 그 발달에 얽힌 이야기들을 살펴보기로 하자.

릴리엔탈의 글라이더와
아폴로 11호 우주선
(오만, 1970년)

전설의 날개와 공상 비행의 시대

비행의 역사는 새처럼 하늘을 날고 싶다는 인간의 꿈을 그린 공상적 전설부터 시작된다. 항공 기술의 발달로 인간이 대기권을 정복하기 몇천 년 전부터 인류는 이미 신화나 전설에서 공상의 날개로 하늘을 비행하면서 천계를 정복하고 있었다.

기원전 2250년 무렵 활약한 전설상의 지배자로서 천신(天神)을 아버지로 하고 지신(地神)을 어머니로 하여 태어난 고대 중국의 천자(天子) 순(舜)은 황녀로부터 비행술을 배워 하늘을 난 최초의 인물로 구전되고 있다. 중국의 사서(四書)에 의하면 당시 소년이었던 황제 순은 새의 날개를 몸에 달고 산속에 있는 감옥에서 탈출하였다고 한다. 이러한 공상적 전설의 날개는 인도 신화에 나오는 천사나 게르만족의 날개 달린 여신(女神)에 관한 전설에서도 찾아 볼 수가 있다.

고대 그리스 신화의 청춘의 여신 헤베와 함께 날고 있는 제우스 (프랑스, 1946년)

Wikipedia

루브르 박물관에 전시된 '사모트라케의 니케'

고대 이집트의 날개 달린 신(Winged gods), 그리스의 날개 달린 신마(神馬) 페가수스(Winged horse, Pegasus), 로마 신(神)의 사자(使者) 머큐리(Mercury)를 비롯하여 고대의 신과 여신들은 일반적으로 날개를 갖고 있었다. 고대의 사람들은 하늘을 나는 것이 신비로운 것이며 신들의 특권에 속하는 것으로 생각했기 때문이다. 성경에서도 인간비행(Human flight)에 대한 이야기를 엿볼 수 있다.

고야의 인간비행 판화 우표
(스페인, 1930년)

그리스의 날개 달린 신마(神馬) 페가수스(위)와
로마 신(神)의 사자(使者) 머큐리(좌)

하늘은 문자 그대로 공상의 원천이었다. 그리스의 신마 페가수스는 날개에 그리스의 신화적 영웅 페르세우스를 태워서 하늘을 날아다녔고 로마 신의 사자 머큐리는 하늘을 나는 형태로서는 좀 더 스마트하게 묘사되었다. 등에 날개가 없는 대신에 양 날개가 붙은 헬멧을 쓰고 작은 날개가 달린 벨트를 매고 있는 모습의 머큐리는 마치 미국의 실험용 로켓 비행기에 달려있는 작은 날개를 연상케 하였다. 또한 아라비안나이트에 나오는 하늘을 나는 양탄자도 하늘을 날 수가 없었던 인간의 공상적 산물이었다.

페가수스(Pegasus).
제우스의 아들 페르세우스에 의해 피살된 메두사의 피에서 태어났다는 날개 돋힌 천마.
(헝가리, 1959년)

하늘을 날고 있는 이카로스
(니카라과, 1977년)

루브르 박물관 천정에 그려진 다이달로스와 이카로스

고대 그리스 신화 중
이카로스와 태양
(가봉, 1970년)

이러한 전설 중에서도 그리스 신화에 나오는 다이달로스(Daedallus)와 이카로스(Icarus)의 전설이 가장 유명하다. 아테네의 유명한 건축가인 다이달로스는 질투심이 아주 강하여 자기보다 우수한 그의 제자인 페르딕스(탈로스)를 파르테논 신전의 옥상에서 떨어뜨려 살해하고 크레타섬으로 도망을 갔으나 미노스 왕의 미움을 사게 되자 멀리 시실리섬까지 도망갈 것을 결심하였다. 그리하여 자기와 아들 이카로스가 밀납으로 붙인 새털의 날개를 달고 비행함으로써 일단 도망에 성공하였으나 젊은 이카로스는 순조로운 비행에 자만하게 되어 고도를 높여 점점 태양에 접근하게 되자 납이 녹아 결국 지중해에 떨어져 죽고 말았으며 다이달로스는 계속 비행하여 750마일 떨어진 시실리섬에 무사히 도착하였다는 내용의 전설이다. 이카로스는 전설의 인물이기는 하나 비행사고의 첫 희생자가 된 셈이다. 그의 이름인 '이카로스'는 지금도 비행과 관련해서 많이 사용되고 있다.

사람이 하늘을 날아다녔다는 전설은 많다. 알렉산더 대왕(Alexander The Great, 기원전 356~323)도 네 마리의 그리핀(Griffin, 그리스 신화에 나오는 괴물, 사자의 몸에 독수리의 머리와 날개가 달렸다)에 매단 왕좌에 앉아 하늘을 날아다녔다고 전해지고 있다. 영국에서도 기원전 852년에 전설의 왕인 블레더드(King Bladud)가 런던 상공을 비행하려다가 실패하여 죽고 말았다는 전설이 있으며 이보다 먼저 기원전 1500년 무렵에는 페르시아의 왕 카이 카우스(King Kai Kawus)가 독수리들이 이끄는 의자에 앉아서 하늘을 비행한 것으로 전해지고 있다.

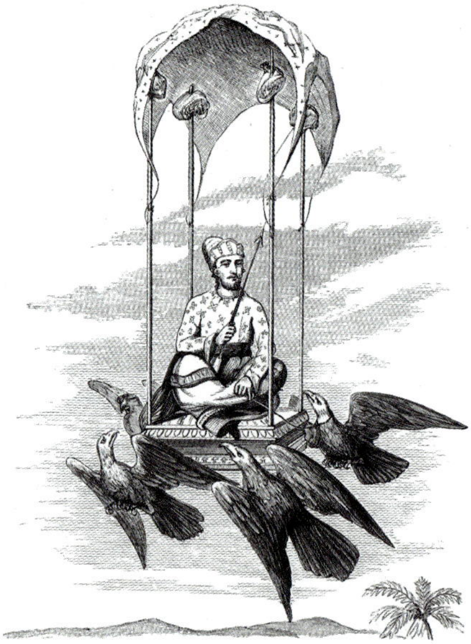
Archive.org

한편, 선한 것, 신성한 것, 영원한 것은 하늘에 있다고 생각했던 고대인의 선의사상(善意思想)이 변질하여 처음에는 신이나 천사에게만 주어졌던 날개가 중세기에는 악마에게도 주어졌으며 중세기의 하늘은 악령으로 꽉 차 있었다. 이와 같이 날개는 처음부터 천사와 악마의 양면성을 지니고 있었는데, 현대의 민간 항공이 천사의 날개라면 군용 항공은 악마의 날개로 비유할 수 있겠다.

라파엘의 천사
(핏케언, 1982년)

라파엘의 천사
(핏케언, 1982년)

Wikipedia

중세의 미신에 하늘을 나는 마녀(魔女)들이 많이 등장하고 있지만, 이것도 하늘을 날고 싶어하는 인간의 꿈에서 연유된 것이다. 마녀들은 어릴 때부터 하늘을 나는 능력을 가지고 있으며 주로 긴 빗자루나 둥근 접시를 타고 하늘을 비행한 것으로 전해지고 있다. 1487년에 제정된 종교재판소의 악명 높은 법령집 중의 '마법을 사용하는 여자들'에서는 중세의 마법사나 마술사들이 날개를 가진 마녀, 유령, 귀신, 천사, 악마들과 함께 공중을 날아다녔다는 내용의 미신을 상세히 기록하고 있다. 이 중에는 당시 하늘을 비행하는 공상의 중심인물이었던 파우스트(Faust) 박사도 포함되어 있으며 후에 괴테(Goethe)가 희곡 〈파우스트〉를 쓰게 된 동기가 되었다.

Wikipedia

천동설을 주장한 프톨레마이오스

이미 기원전 2세기 무렵 알렉산드리아의 천문학자 프톨레마이오스(Klaudios Ptolemaios)는 지구가 우주의 중심으로서 그 주위를 태양이나 달과 별들이 돌면서 하나의 큰 천구(天球)를 구성하고 있다고 주장하였다. 이것이 천동설로서 당시에는 절대의 진리가 되어 이를 의심하는 자는 아무도 없었다. 이러한 가운데 기독교가 파급되면서 우주 공간은 어느 사이에 신(神)만이 살고 있는 신성한 장소로

되어 버렸다. 그리하여 신의 영역에 인간이 날개를 이용하여 침입하려는 생각 자체가 중세의 사람들에게는 신을 모독하는 죄악으로 간주되었고 따라서 비행술도 범죄로 여겨졌다.

Wikipedia

지동설을 주장한 코페르니쿠스

그러나 16세기에 폴란드의 천문학자 코페르니쿠스(Nicolaus Copernicus, 1473~1543)가 등장하여 지구도 다른 천체나 마찬가지로 태양의 주위를 돌고 있으며 은하, 태양, 혹성으로 구성되어 있는 대(大)우주의 일부에 불과하다는 것을 인정하게 되면서 인류의 생각에 대변혁이 일어나기 시작하였다. 또 자연 과학과 천문학의 혁명으로 새로운 세계관을 갖게 되자 비로소 전설의 날개에서 깨어나 상당히 과학적인 이론에 기초를 둔 공상비행(Imagination & Fiction Flight) 단계로 발전하게 되었으며 이후에 많은 사람들이 비행을 구상하고 이에 도전하게 되었다.

Allegory of Air Mail
(마다가스카르, 1946년)

Public Domain

코페르니쿠스의 우주모델에서
천체들의 배치

● 장래의 항공을 예측한 노스트라다무스

천문학자 노스트라다무스

프랑스의 천문학자인 노스트라다무스(Michel de Nostradamus, 1503~1566)는 20세기에 관한 여러 가지를 예언하는 가운데 "화성의 326번째 통과 시기에 북쪽 국가와 남쪽 국가 간에 두번의 유혈 대전쟁이 일어나게 되는데 이때 날개 달린 차가 하늘을 날게 된다. 오늘날 항구에서 선박을 기다리듯이 사람들은 이 날개 달린 차를 기다리게 될 것이다"라고 이미 500년 전에 비행기의 출현을 예언하였다. 그는 〈제세기(諸世紀)〉 제1권 63편에서 다음과 같이 '좁아지는 세계'와 '항공 여행'에 대하여 아래와 같이 예언하고 있다.

"대전쟁이 지나간 뒤, 세계는 좁아지리라. 육지에는 인간이 넘치고 사람들은 하늘이나 대륙이나 바다를 넘어 여행하게 되리라. 그럴 동안 몇 번인가 새로운 전쟁이 연달아 터지리라(Les fleaux passees diminue le monde, Long-temps la paix, terres inhabitees. Seur marchera par le ciel, terre, mer & onde, Puis de nouveau les guerres suscitees)."

프랑스 천문학자 노스트라다무스의 예언모음집 'Les Propheties'

베이컨의 기구 구상

13세기 후반에 영국의 로저 베이컨(Roger Bacon, 1214~1294)은 공기가 지표를 덮고 있는 유체(流體)라고 생각하고 "비행기계로 하늘을 날려면 물 위에 떠 있는 배와 같이 공중에서 떠 있도록 하지 않으면 안된다. 따라서 구리(銅)로 만든 속이 빈 큰 구(球) 형태를 사용하는 것이 좋으며 가능한 한 얇고 가벼울수록 좋다. 여기에 기체나 액체를 넣고 불을 붙여서 공중에 띄우면 물 위에 배가 뜨듯이 공중에 뜰수 있다"고 기구비행(氣球飛行)을 구상함으로써 최초로 인간의 비행 가능성을 이론적으로 전개하였다.

철학자·자연과학자 로저 베이컨

항공에 관한 최초의 신문 기사

1709년 6월 24일에 오스트리아 수도 빈의 신문은 호외로 '포르투갈로부터 발명자를 태우고 안착한 비행선'이라는 제목의 공상 기사와 함께 기묘한 비행선의 그림을 보도함으로써 사람들을 놀라게 하였다. 이 비행선은 새로 발명된 비행 기계로서 리스본에서 비행을 시작하여 도중의 많은 시련과 모험 끝에 도착했으며 24시간에 200마일을 비행하였다는 내용의 기사였는데, 사실 이것은 구스망의 기구시험과 '파사로라' 설계에 대한 오보로서 당시 사람들의 비행에 대한 동경을 엿보게 한다. (3장 참조)

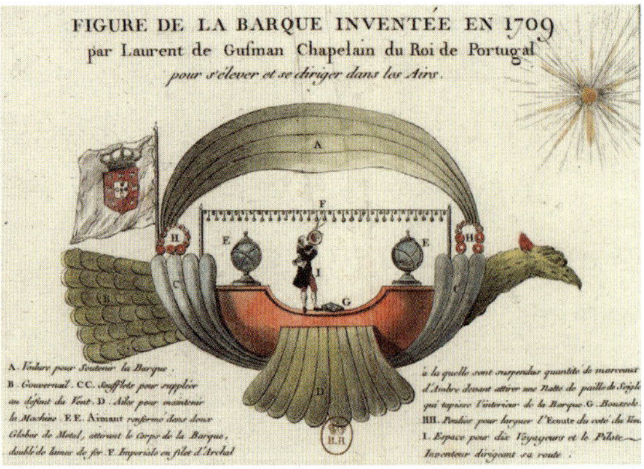

포르투갈로부터 발명자를 태우고 안착했다는 내용의 오보로
신문 호외에 등장한 구스망의 '파사로라'

| 프랑스 철학자 장 자크 루소

● 루소의 비행론

프랑스의 철학자 장 자크 루소(Jean Jacques Rousseau, 1712~1778)가 비행 이론에 관하여 서술한 〈신 다이달로스〉는 그가 죽은 뒤인 1802년에 출판되었다. 이 논문에서 그는 "우선 동일 체적의 공기보다 가벼운 물체의 발명이 중요하다. 상승 시에는 이 물체와 공기와의 중량 차이만큼 물건을 수송할 수 있다. 그러나 가볍게 하여 상승을 용이하게 하는 것도 중요하지만 상승 중에 있는 것을 멈추게 하는 방법과 하강을 위해 다시 무겁게 하는 방법을 해결한다면 비행이 가능하게 된다."고 결론을 내리고 있다. 곧 인간의 비행은 공기보다 가벼운 장치에 의해서만 실현이 가능하다고 주장하고 있으며 그의 이러한 진보적이고 계몽적인 사상은 이후의 항공술 발달에 많은 공헌을 하였다.

● 최초의 항공 소설

항공의 장래 발전을 그린 공상화가 크게 성행했듯이 계몽시대에는 공상적인 항공 문학이 유행하였다. 18세기 후반에 이루어진 전기의 발명을 계기로 프랑스의 드 라 폴리(Louis Guillaume de La Follie)는 1775년에 파리에서 〈소박한 철학자, 혹은 희귀한 사람〉이라는 최초의 항공 소설을 출판하였다. 거대한 유리로 된 구(球)를 톱니바퀴 장치로 회전시켜, 마찰 전기로 생기는 자기(磁氣)의 효과로 기체를 움직여 황홀한 광채를 발하면서 하늘로 상승한다는 내용의 공상과학 소설이었다.

● 정기 항공의 상상

덴마크의 동화 작가인 안데르센(Andersen)은 그의 작품 〈수천 년 후〉에서 공기보다 무거운 항공기가 비행한 사실이 그때까지 없는데도 정기 항공 시대의 도래를 예견하고 장차 전개될 항공의 웅장한 비전을 제시하고 있다. 그는 "수천 년 후에는 증기의 힘으로 작동되는 날개를 타고 사람들은 바다를 건너오게 된다. 미국의 젊은이들이 유럽의 명소를 방문하게 될 것이다."라고 서술하고 있다. 또 "여객을 가득 태운 항공기는 대서양을 비행하여 유럽이 점차 시야에 들어오게 되면 처음에는 아일랜드의 해안이 나타나지만 승객들은 아직도 잠자고 있어 아름다운 경관을 볼 수 없었다. 이는 영국의 상공에 도달하면 깨워 달라는 승객들의 부탁 때문이다."라고 썼다.

인간은 하늘을 나는 것이 용이하지 않자 동경과 절망의 소산인 신과 악마에게 날개를 바쳤다. 그러나 새는 물론 미물인 파리까지도 하늘을 나는데 만물의 영장인 인간이 하늘을 나는 수단을 생각하지 않을 리가 없었다. 공간 비행의 꿈을 현실화하기 위하여 신과 악마에게 바쳤던 하늘 세계에 인간 자신이 도전하였고 결국 과학 기술의 진보를 통하여, 그리고 동력과 항공역학을 이용하여 인간이 스스로 개발한 인공 기술에 의해 염원인 하늘 정복의 꿈을 실현할 수 있었다.

덴마크 동화 작가 안데르센

02

날고 싶다,
새처럼 날고 싶다

태초의 질서가 깨어지는 것을 신이 바라지 않았기 때문일까? 새를 흉내내어 하늘을 날아 보던 인간의 꿈은 수많은 희생만 치렀을 뿐 쉽사리 이루어지지 않았다.

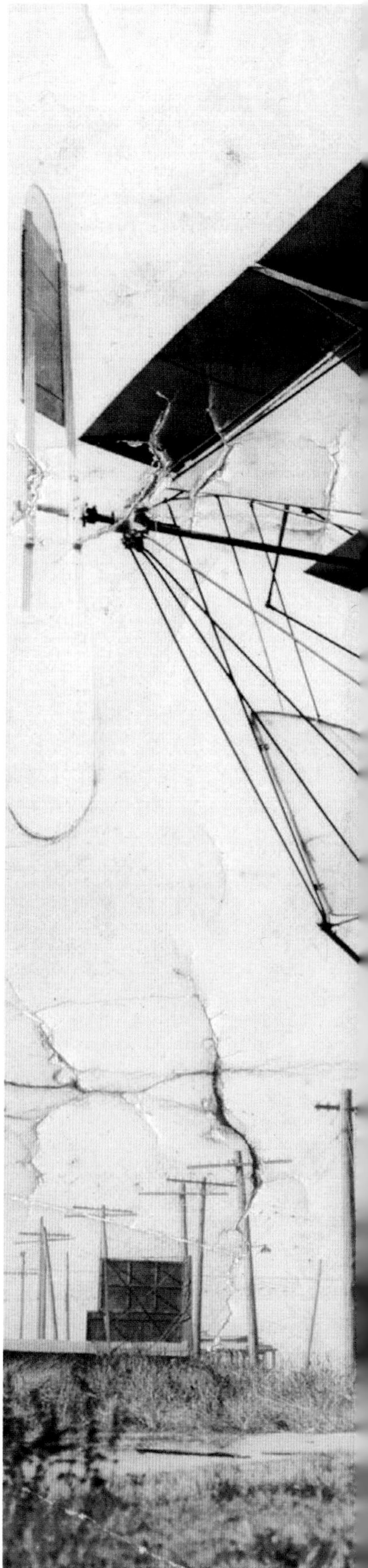
University of Kentucky

초기 비행 머신

02 날고 싶다, 새처럼 날고 싶다

연(鳶), 하늘 길을 가는 첫걸음

옛날부터 인간과 하늘을 연결해 준 수단으로 연(鳶, kite)이 사용되었다. 그러나 사실상 연으로는 하늘 정복의 꿈을 이룰 수는 없었다. 연이 하늘을 난다고는 하지만 실제로는 실에 의해 대지와 연결되어 있어 인간이 하늘을 새와 같이 마음껏 나는 것과는 그 성격이 근본적으로 다르기 때문이다.

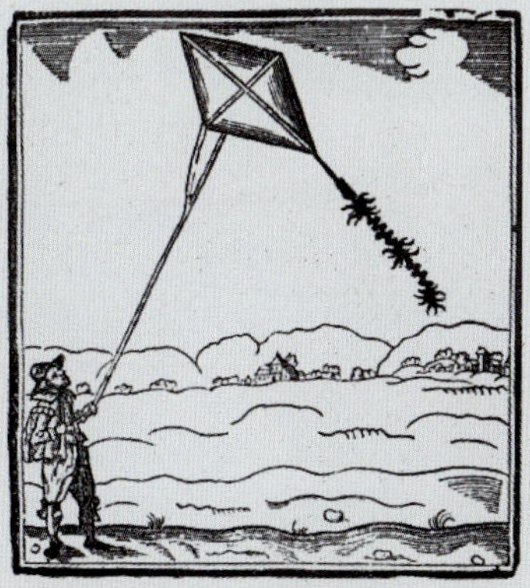

Public Domain

연은 3,000년이나 되는 오랜 역사를 갖고 있다. 최초의 연은 고대 중국에서 만들어졌으며 이것이 유럽에 건너간 것은 거의 2,000년 이상이 지난 13세기 무렵이었다. 처음에 연은 장난감으로 사용되었다고 하며, 기원전 200년 무렵에는 사람을 태우는 연(Man-Carrying Kite)을 만들어 사람이 탑승하고 적진을 정찰하였다는 기록이 있다. 이것이 사실이라면 인간이 하늘을 비행하기 시작한 때는 2,200년 전의 옛날이었다고 할 수 있다.

The Newyork Public Library

고대 중국의 연에 대한 상상도

연은 전쟁에도 이용되었다. 14세기에 유럽에서는 연을 이용하여 포위된 적지로부터 탈출하거나 폭탄을 투하하기도 하였다. 연을 과학적으로 사용한 최초의 기록으로는 1749년에 글래스고 대학의 천문학자인 알렉산더 윌슨(Alexander Wilson)이 연에 온도계를 달아서 3,000피트 상공까지 올려 대기(大氣)의 온도를 측정하는 데 이용한 것이다.

Public Domain

미국 과학자 벤자민 프랭클린

미국의 벤자민 프랭클린(Benjamin Franklin)은 1752년에 연을 사용한 실험으로 '벼락이 곧 정전기(靜電氣, Atmospheric Electricity)'라는 것을 밝히는 성과를 올렸다. 1826년 영국 브리스톨의 학교 교사인 조지 포콕(George Pocock)은 연을 이용하여 여객수송(旅客輸送)을 하려는 연구를 하였는데 다음 해에 그는 지상주행장치에 연에서 생기는 추진력을 이용하려는 천재적인 발명을 시도하였다.

Public Domain

제1차 세계대전 중 연을 통한 정찰비행

인간이 최초로 연을 타고 하늘을 비행한 때는 1827년이다. 조지 포콕은 젊은 부인을 연에 태워 100야드의 고도까지 상승시켰다. 그는 또 사륜차에 연 2개를 장치하고 20마일로 주행했으며 같은 종류의 '연마차'에 여러 명을 태우고 130마일이나 되는 거리를 주파하기도 하였다.

그 뒤 인간의 연 비행에 대한 이야기는 들을 수 없었지만 90년이 지난 1916년에 독일의 비행 선대(船隊) 중위가 대형 연을 이용하여 적지를 과감히 정찰 비행함으로써 제1차 세계대전의 최고 전공 훈장을 받았다. 그런데 이와 같은 연 비행에서 무엇보다도 중요한 사실은 연 덕분에 인류가 바람의 성질과 공기의 양력을 이용한 비행의 원리를 알게 되었다는 점이다. 즉 공기는 대량의 에너지를 만들어 내고 무거운 물체를 뜨게 할 수 있는 성질을 가지고 있다는 점을 안 것이다.

공기보다 무거운 물체를 공중에 뜨게 하는 것은 물 위에 배를 띄우는 것보다 쉽지 않다. 그러나 바람의 힘을 이용하면 그것은 가능해진다. 바람의 운동력을 이용하려면 어느 정도의 속도가 필요하다. 연의 경우에는 지상과 연결되는 실의 저항이, 기구나 비행선의 경우에는 가스의 충전이, 비행기의 경우에는 프로펠러나 엔진에 의해 생기는 에너지인 양력이 필요한 것이다. 이것이 모든 비행의 핵심 원리이며 모든 문제는 여기서부터 출발하게 된다.

연의 각도가 일정하게 유지된 상태에서 대지와 연결되어 있는 실을 잡아당기면 공기의 떠받치는 힘이 작용하게 되어 바람이 없는 무풍상태(無風狀態)에서도 상승하게 된다. 여기에서 발전된 생각으로 연에 동력장치를 부착한 것이 비행기라 할 수 있다. 즉 날개를 움직이지 않고서도 연과 같이 바람을 이용하여 상승할 수 있다는 원리를 응용한 것이 오늘날의 비행기이다.

조인(鳥人)과 타워 점퍼의 날개

연 비행은 엄격한 의미에서 인간이 소망했던 비행이 아니었다. 따라서 인간은 연처럼 끈에 속박되지 않고 새와 같이 창공을 날고 싶은 꿈을 달성하기 위해서 인력비행(Man-Powered Flight)에 대한 도전을 시도하였다. 조인(鳥人, birdman) 또는 타워 점퍼(Tower Jumper)라고 불리는 많은 사람들이 손으로 만든 인공 날개를 몸에 달고서 높은 탑에서 뛰어내렸다. 이는 새가 바람을 이용하여 양력을 얻고, 날개를 움직여서 추진력을 얻어서 하늘을 자유자재로 날고 있다는 점에 착안하여 인간도 그렇게 할 수 있다는 생각에서 시도된 것인데 이러한 인력비행에 대한 많은 기록이 전해 오고 있다.

인공의 날개를 달고서 최초로 인력 비행을 시도한 업적을 남긴 사람은 아라비아인이었다. 아라비아가 스페인을 점령하였던 880년에 코르도바 대학의 천문학 교수이던 아바스 이븐 피르나스(Abbas ibn Firnas)는 새털로 날개를 만들어 코르도바(Cordoba)의 언덕에서 뛰어내려 꽤 먼 거리를 비행하였다. 그는 비행에 대해서 커다란 관심을 가지고 타워 점핑을 시도하였으나 착륙할 때 계산 착오로 둔부에 부상을 입었다. 즉 그는 새가 언제나 둔부부터 내린다는 점을 미처 깨닫지 못해 꼬리날개(尾翼)를 붙이지 않은 채 그대로 착륙했기 때문이다.

Public Domain

파우스트 베란치오가 설계한 낙하산

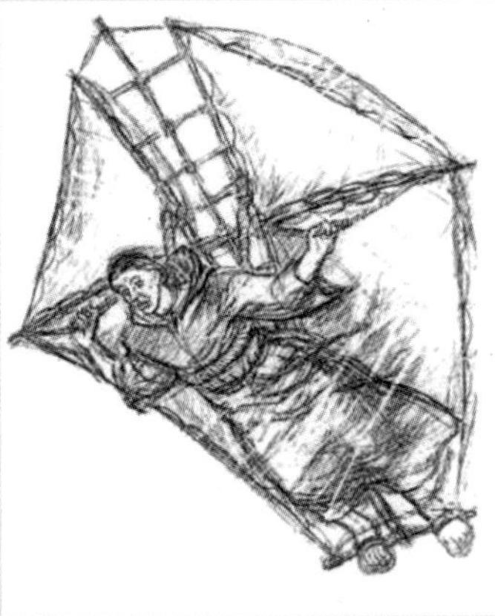

영국 베네딕토회의 수도승 엘머는 인공 날개를 부착하고 탑에서 뛰어내렸다.

그 뒤 1029년 천문학자이며 물리학자였던 엘머(Eilmer)라는 영국 베네딕토회의 유명한 수도승이 인공의 날개를 부착하고 탑에서 뛰어내렸다. 그는 손과 발을 움직여 200야드 정도의 거리를 활공하는 듯 하였지만 결국 추락하여 양쪽 다리가 부러졌다는 기록이 1648년 출판된 존 밀턴의 〈영국사〉에 나온다. 나중에 밀턴은 추락사한 천사에 대한 관심을 그의 유명한 저술인 〈실낙원〉에 집대성하였다. 비슷한 시기 알 자우하리(al-Jawhari)라는 아랍인은 페르시아의 니샤푸르 사원 옥상에서 인공의 날개로 인력 비행을 시도하였으나 실패하여 추락사함으로써 조인으로서 최초의 희생자가 되었다.

그 후에 타워 점핑은 거의 중지되었는데 460년이 지난 1496년에 이르러서야 그 기록을 찾아볼 수 있다. 뉘른베르크(Nuremberg)의 시민인 세네시오(Senecio)가 타워 점핑을 시도한 것이다. 그러나 그도 역시 성공하지 못하였고 1490년 이탈리아의 수학자인 단티(Danti)가 자신의 몸에 맞는 날개를 만들어 트라시메노(Trasimeno) 호수를 활공하는 데 성공하였다. 그러나 그는 1503년에 다시 고향 페루자(Perugia)의 교회 옥상에서 타워 점핑에 도전하였다가 오른쪽 날개가 부서진 상태에서 300보 정도의 거리를 활공했을 뿐 결국 실패하였으며, 그 후에도 몇 차례 시도를 하였지만 번번히 실패하였다. 그 후 단티는 이를 신앙심이 부족했기 때문이라고 여겨서 한탄하며 스스로 목숨을 끊었다고 전해진다.

용감한 조인(鳥人)들의 끊임없는 노력은 그 후에도 계속되었다. 1742년 프랑스의 바크빌(Bacqueville) 후작은 곤충의 날개와 똑같은 모양의 날개 네 개를 양손과 양발에 달고 센강을 날아서 횡단하려고 했지만 실패하여 추락하였다. 또 1874년 벨기에 사람인 그루프(Groof)는 두 개의 넓은 날개와 20피트 길이의 꼬리날개를 조합하여서 수직으로 연결하고, 손과 발로 조작할 수 있는 활공 장치

Wikipedia

곤충의 날개 모양과 유사한 날개를 장착하고 센강에 뛰어내리는 바크빌 후작.

를 고안하여 템스강변에서 인력 비행을 시도하였다. 첫 번째 비행에서 그는 꼬리날개의 일부가 파괴되었을 뿐 무사히 착륙할 수 있었으나 두 번째의 비행에서는 실패하여 결국 사망하고 말았다.

인간 비행의 꿈을 줄곧 추구해 온 이 용감한 조인들은 20세기에 들어와서도 그 꿈을 버리지 못해 인력 비행을 계속 시도하였다. 1937년 4월 5일 프랑스에서는 '클렘 존'이라는 예명으로 유명한 미국인 비행가 클레멘트 존(Clements Joseph Sohn, 1910~1937)이 10만 명에 달하는 관람객 앞에서 시험비행을 벌이다 사망하고 말았다. 그는 파리 교외 방센(Vincennes) 상공을 비행하는 항공기에서 직접 만든 윙수트를 입고 점프했으나 계획한 고도에서 낙하산이 펴지지 않아 그대로 추락했으며 그 자리에서 목숨을 잃었다.

오늘날 항공 스포츠로 인기있는 스카이다이빙에 많은 공헌을 한 레오 발렌틴(Leo Valentin)은 1954년 5월 13일 목재로 제작한 날개를 몸에 직접 장착하고 비행기에서 점프하여 3마일 가량 비행하는 기록을 세우기도 했다. 그러나 2년 뒤에는 영국에서 열린 에어쇼에서 비슷한 형태의 목재 날개를 장착하고 비행하려다 추락하여 사망하고 말았다.

앞에서 살펴본 바와 같이 조인들은 희생을 각오하면서까지 용기 있게 하늘에 도전하였으나 자연은 자신들의 근육 힘만을 의존해서 비행하려는 사람들에게는 조금도 기회를 허용하지 않았다. 조인들의 이러한 생각이 근본적으로 틀리지는 않았다. 그러나 초기의 타워 점퍼들은 인간의 체중을 공중으로 띄우기 위해서 어느 정도의 양력이 필요한지를 전혀 알지 못했으며, 새와 사람의 상이점을 전혀 깨닫지 못했기 때문에 자신들의 의도나 꿈과는 달리 높은 탑에서 비행이나 활공을 한 것이 아니고 사실상 팔을 벌려서 아무런 기능도 발휘하지 못한 인공 날개를 펼친 채로 땅으로 뛰어내린 것에 불과하였다. 그래서 대부분이 추락사를 하였고 운이 좋으면 죽음은 면하였지만 평생을 불구의 몸으로 지내야 하는 부상을 입었다.

이들이 실패한 근본적인 원인은 인체가 활공이나 구조 면에서 날개를 움직이는 데 부적당할 뿐만 아니라 하늘을 날도록 되어 있지 않다는 점을 알지 못하였다는 점이다. 따라서 날개를 움직여서 공기보다 무거운 인체를 비행시키려고 하지 않고 대신 날개와 바람을 이용하여 활공하려 하였다면 최소한 오늘날의 스카이 다이빙이나 행글라이딩과 같이 하늘을 활공할 수는 있었을 것이다. 그러나 사람들이 이러한 사실을 확실히 알게 된 것은 몇 세기에 걸쳐 많은 조인들이 타워 점핑의 실패로 여러 명의 희생자를 낸 뒤인 1680년에 이르러서였다. 그 당시 이탈리아의 조반니 보렐리는 인체의 근육과 비행과의 관계를 깊이 연구한 결과 인간이 자신의 힘만으로 하늘을 비행하는 것이 불가능하다는 결론을 내렸다. 결국 조인들이 시도한 인공 비행은 항공학의 진보에는 아무런 공헌도 하지 못하고 많은 희생자만을 낸 셈이었다.

Public Domain

이탈리아 생물학자 조반니 보렐리

레오나르도 다 빈치와 '악마(惡魔)의 기계'

13세기 무렵부터 조인들은 갖가지 방법으로 비행 실험이나 인간 비행을 시도하였지만 아무런 효과도 얻지 못하였고 18세기 말까지도 비행 기술은 거의 진전이 없었다. 다만 르네상스 시대의 천재 레오나르도 다 빈치(Leonardo Da Vinci, 1452~1519)가 항공기술 분야에서 이룬 연구 업적만이 여기에서 돌이켜볼 가치가 있다. 학자, 발명가, 화가, 조각가, 건축가, 군사기술자로서 널리 알려진 레오나르도는 인간의 비행 가능성을 깊이 고찰(考察)하고 과학적 정신으로 비행의 문제를 연구하여 그 이론을 개진한 최초의 인물이다.

레오나르도 다 빈치와
날틀 스케치(두바이, 1972년)

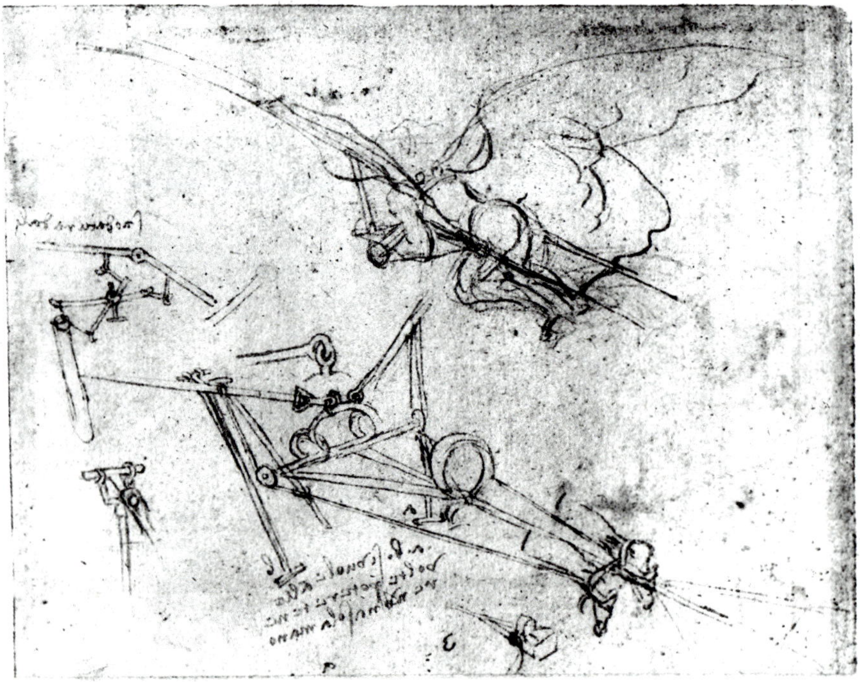

그는 1485년 무렵 처음으로 인간의 공중 비행에 대한 연구 결과를 발표하였다. 그 내용을 보면 '어떤 물체든지 공기를 잘 이용하면 공기가 그 물체에 대하여 가하는 것과 동일한 양의 힘을 얻을 수 있다. 바람을 향하여 움직이는 날개의 덕택으로 무거운 독수리도 고공을 날 수 있듯이 물건을 가득 실은 배도 돛으로 공기의 힘을 이용함으로써 달릴 수 있다. 이런 면에서 볼 수 있듯이 인공의 큰 날개를 이용하여 공기의 저항을 훨씬 상회하는 힘을 만들어 내면 인간도 새처럼 하늘을 비행할 수 있다'라고 서술하고 있다.

레오나르도는 조인들의 인간 비행에 상당한 관심을 가졌으며 새가 날개를 움직여서 비행하는 것을 인공적으로 재현하는데 열중하여 스스로 새처럼 날개를 몸에 달고서 산 중턱에서 비행을 시도하였다는 기록이 남아 있다.

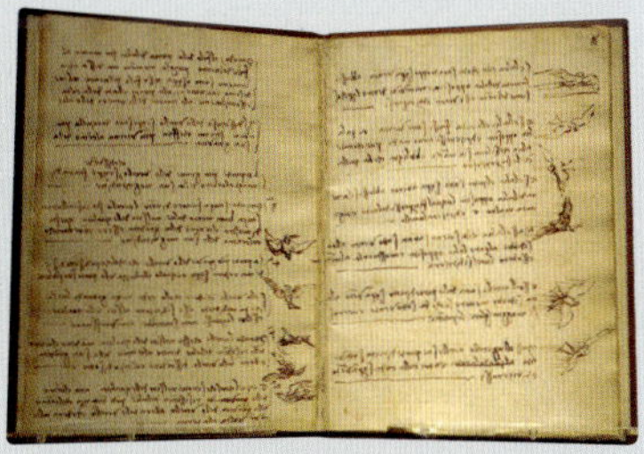

레오나르도 다 빈치가 새를 과학적으로 연구하여 쓴 '새의 비상도'

레오나르도는 비행 기계로 새로운 세계인 하늘을 정복하기 위해서는 공기의 성질과 그 흐름에 대한 정확한 지식을 가져야 한다고 판단하고 새를 과학적으로 연구하였으며 그 결과 1505년에 새의 비상도(飛翔圖)와 해부도를 4권의 책으로 집대성하였다.

그는 새의 날개를 해부학적으로 연구하여 새가 비행하는 원리를 과학적으로 탐색하였다. 그 결과 날개를 움직이는 새의 근력이 매우 크다는 것을 알게 되었지만 새는 수학의 법칙에 따라서 움직이는 하나의 기계이기 때문에 인간도 그런 운동을 충분히 재현할 수 있다고 생각하였다. 새가 큰 날개와 짧은 꼬리를 가지고 있으며 바람의 도움으로 이륙한다는 것을 알게 된 레오나르도는 공기보다 무거운 물체를 비행시키기 위해서는 바람의 힘이 매우 중요하다는 것을 깨달았다. 이러한 착상에서 레오나르도의 비행에 대한 연구는 그동안 연구하였던 인간의 근육 힘을 이용하는 인력 비행 대신 활공 비행에 대한 연구로 옮겨지게 되었다.

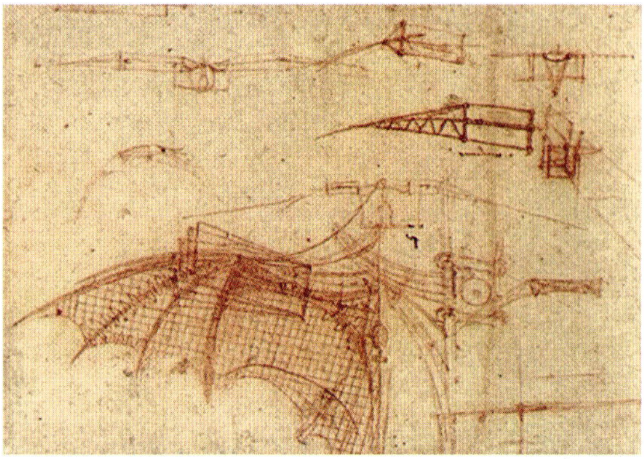

레오나르도 다 빈치는 새의 날개를 해부학적으로 연구하여 새가 비행하는 원리를 과학적으로 탐색하였다.

비행이 단순한 자연의 모방만으로 실현될 수 있다는 전제로부터 출발한 그의 연구는 두 가지 형태의 비행 기계를 탄생시켰다. 하나는 사람이 중앙 부분에 가슴을 밀착하여 누운 채로 끈을 이용하여 손으로 돌리고 발로 밟아서 날개를 움직이게 하는 비행 기계였고, 다른 하나는 사람이 선 상태에서 복잡한 크랭크 기계와 전동 장치를 이용하고 손과 발을 사용하여 날개를 움직이게 하는 비행 기계였다. 그는 또 1492년에 인력으로 움직일 수 있도록 고안된 잠자리 형태의 주익(主翼)과 안정성을 유지하고 방향 변화에도 필요한 미익(尾翼)이 달려 있는 비행기를 설계하였다. 그러나 이 비행 기계는 실제로 만들어지지는 않았다. 계몽적 자유 사상가인 그는 자신이 '악마(惡魔)의 기계'의 발명자로서 밝혀지면 당시 판결에 의해 화형대의 이슬이 될 것을 알고 있었기 때문에 이 아이디어를 비밀로 해 두었던 것이다.

새를 수학의 법칙에 따라 움직이는 기계라고 생각한 그는 비행 기계에 필요한 이 동력이 없음을 알고 있었다. 사람이 비행 기계를 만들 수는 있지만 당시의 기술로서는 인공 날개를 움직일 수 있는 힘을 얻을 수 없었다. 그 후에 그는 자신이 설계한 비행 기계가 동력을 얻을 수 없다는 결함을 가지고 있지만, 바람을 이용하면 에너지를 얻어 이것을 움직일 수 있다고 확신하게 되었다.

레오나르도 다 빈치와 비행장치(이탈리아, 1935년)

레오나르도 다 빈치와 날틀 스케치
(파라과이, 1966년)

레오나르도는 이에 그치지 않고 비행의 문제에 대한 연구를 계속하였으며 하늘을 정복하기 위해 당시로서는 고려할 수 있는 모든 문제를 이론적으로 해결하고자 노력하였다. 레오나르도는 이것을 스케치로 묘사했는데 그가 설계한 비행 기계로는 가동익(稼動翼) 비행 기계, 헬리콥터, 낙하산 같은 것이 있다.

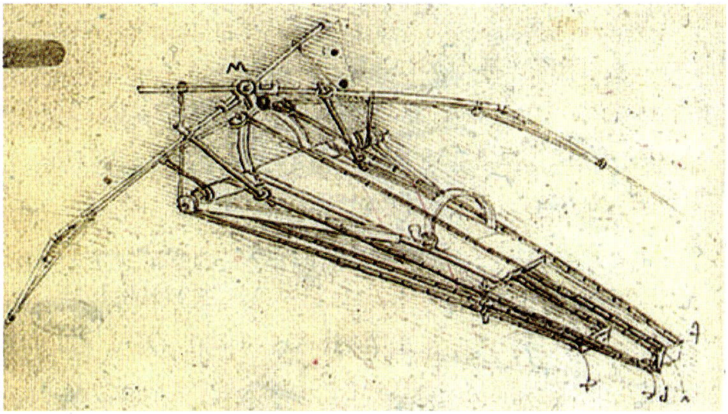
레오나르도 다 빈치의 오니솝터

가동익 비행 기계는 폭 20미터의 날개를 가동할 수 있는 고익(高翼) 단엽기(Bow-String Powered Ornithopter)였다. 이것의 조타(操舵) 장치는 파일럿의 머리에 연결되어 머리를 좌우로 돌리면 따라서 움직이도록 되어 있다. 또 동체의 중심선으로부터 위쪽에 주익을 단 이 기계는 이착륙시에 3개의 다리를 사용하고 이륙하면 곧 다리를 접어넣도록 되어 있다. 이는 오늘날의 항공기에서도 사용되고 있는 집게다리식 착륙 장치의 근원이라 할 수 있다.

헬리콥터(Clockwork-Powered Helicopter)는 그림에서 볼 수 있듯이 수직의 지주(支柱)를 중심으로 거대한 나선형의 날개를 회전할 수 있도록 부착한 비행 기계이다. 레오나르도는 "나선형의 이 기계는 추진기인 회전익(回轉翼)을 가지고 있으며 이 추진기를 고속으로 회전할 수만 있으면 이 기계는 상승하여 고공을 비행할 수 있을 것"이라고 저서에서 설명하였다. 또 그는 피라미드 모양

레오나르도 다 빈치의 헬리콥터
(알바니아, 1969년)

의 낙하산(Pyramid-Shaped Parachute)을 설계하고 이것을 사용하면 아무리 높은 곳에서라도 안전하게 하강할 수 있다고 주장하였다.

이처럼 레오나르도는 새를 모방한 항공기 날개의 역학적인 연구는 말할 것도 없고 공기저항과의 상관성에 대한 연구도 하여 현대 항공기와 유사한 설계도를 작성하였고, 나선형의 회전익에 힘입어 수직으로도 상승할 수 있는 헬리콥터의 모형도 제작하였다. 단순히 자연을 모방하는 데에서 벗어나 자연을 성실히 관찰하고 그 관찰의 결과를 바탕으로 과학적이며 가계적인 원리 연구를 하여 합리적인 비행 기계로 설계한 그는 '항공기 발명 이론의 아버지'라 불리고 있다.

레오나르도 다 빈치의 비행장치
(구 자이르, 현 콩고, 1978년)

레오나르도의 비행 기계에 관한 연구 업적은 아직 과학의 빛이 들지 않았던 시대에 천재적 솜씨를 다채롭게 나타냈다는 점에서 흥미의 대상이 된다. 그의 비행 기계는 새의 모방만을 생각했던 당시로서는 진보적인 사고 방식에 의거한 아주 독창적인 구상이었지만 동력을 인간의 근육에 의존한다는 한 가지 큰 결함이 있다. 그리고 그의 연구가 있은 지 200여 년이 지나도록 비행 기술은 그 이상 발전하지 못하고 제자리 걸음만을 계속하였다.

03

비행의 맛을 알게 해준 기구의 발명

우리가 하늘을 올려다볼 때 언제나 쉽게 볼 수 있는 비행 물체는 새와 구름이다. 하늘을 동경했던 사람들은 이것을 보고 하늘을 비행하는 수단으로 응용하려고 하였다. 구름과 같이 하늘을 떠돌아다니려고 시도한 것이 구름파(雲派, 경항공기파 또는 정적 부력파)였으며 새와 같이 날개를 사용하여 하늘을 마음껏 비행하려고 시도한 것이 새파(鳥派, 중항공기파 또는 동적 부력파)로서 애초부터 두 파로 갈라져 있었다. 두 파 중에서 최초로 유인 비행에 성공한 것은 날개를 가진, 공기보다 무거운 비행 장치의 새파가 아니고, 열기구가 가진 부력을 이용한, 공기보다 가벼운 비행 장치인 기구를 만든 구름파였다. 비행기 역사는 여기에서부터 출발하였다고 볼 수 있다.

몽골피에 열기구

03 비행의 맛을 알게 해준 기구의 발명

열기구의 이론과 모형

공기보다 가벼운 비행장치를 착상한 구름파가 이를 구체화하는 데에는 새를 모방하여 인공의 날개로 비행하려고 시도한 새파보다 훨씬 어려움이 많았다. 사람을 태울 수 있는, 공기보다 가벼운 비행 장치는 지금처럼 과학이 발달하지 못했던 당시에는 환상의 세계로서 각국의 신화 속에서나 찾아볼 수 있었다.

공기보다 무거운 비행 장치가 하늘을 날 수 있다는 이론을 최초로 입증한 사람은 레오나르도 다 빈치였는데 인체 구조상 불가능함에도 불구하고 인력으로 날개를 움직여 비행하려고 했기 때문에 그 실현을 볼 수 없었다. 그리고 이것이 비행기로 현실화되기까지는 거의 200년 이상이 걸렸다. 그동안 비행 이론이나 항공 기술면에서는 아무런 진전을 보지 못한 채 제자리걸음만을 계속하였다. 그러던 중에 묘한 착상으로 하늘을 나는 공기보다 가벼운 비행 장치가 공기보다 무거운 비행 장치에 한 발 앞서 발명되었다. 이것이 바로 기구와 비행선(飛行船)이다.

레오나르도 다 빈치의 헬리콥터
(소말리아, 1977년)

불을 발견한 인간은 하늘로 올라가는 연기를 늘 보아 왔으나 이것이 공기보다 가벼운 기체로서 이것을 이용하면 하늘로 부상하거나 비행할 수 있는 수단이 된다는 데까지는 생각이 미치질 못하였다. 18세기 말에 이르러 인체 구조상 인력으로 새와 같이 날개를 움직여서 비행할 수 없다는 것을 알게 되자 새의 흉내를 내겠다는 종래의 낡은 사고방식을 잠시 버리고 공기보다 가벼운 것을 이용하여 하늘을 날려는 새로운 시도를 하게 되었다. 뜨거운 공기나 수소의 상승하는 성질을 응용함으로써 공기의 부력을 이용한 기구를 발명하게 되었다. 다만 그것은 인간을 태워서 공중으로 뜨게 하였다는 점에서 목적을 달성했지만, 새와 같은 자유로운 비행과는 거리가 먼 것이었다.

열공기기구
(폴란드, 1986년)

기구에 관한 이론을 최초로 제시한 사람은 13세기 초 영국의 로저 베이컨(Roger Bacon)이었지만 최초로 열기구 실험을 시도한 사람은 이탈리아의 프란체스코 라나 데 테르지(Francesco Lana de Terzi, 1631~1687)이었다. 1670년에 그는 아주 얇은 동판으로 만든 직경 6센티미터 짜리의 공 4개를 진공 상태로 만들면 부력을 얻을 수 있다고 확신하고 이 부력을 이용하여 물위를 떠가는 배처럼 하늘을 떠다니는 '하늘 배(空飛船)'를 구상하였다. 그는 진공의 구리공(銅球)은 주위의 공기보다 가벼워져서 공중으로 부상할 수 있다고 생각했던 것이다. 그러나 이것은 표면(外皮)이 아주 얇아서 그 속의 공기를 빼버

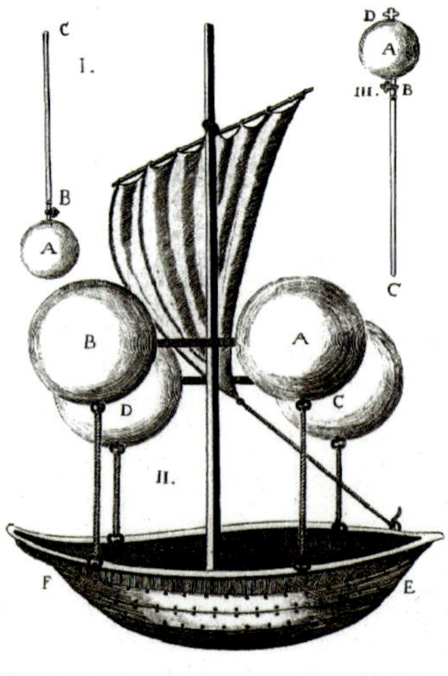
Wikipedia
프란체스코 라나 데 테르지가 구상한 하늘 배

리면 거대한 외기의 압력(1평방 센티미터 당 약 10킬로그램)에 의해 쪼그라져 파괴되어 버리고 만일 외기의 압력에 견딜 수 있도록 두터운 동판을 사용하면 무거워서 부상할 수 없는 비현실적인 구상이었다. 결국 그의 기구 이론은 실패에 그치고 말았다. 그러나 공기의 부력을 이용한 경항공기인 기구를 최초로 구체화하였다는 점에서 그 의의가 크다.

특히 그는 하늘을 나는 것이 신을 모독하는 것이라고 믿고, 그의 이론을 실행에 옮기지 않았지만 그의 착상은 확실히 과학적인 가치가 있었다. 또 그는 만일 하늘을 나는 기계가 완성된다면 공격 무기로서 놀랄만한 위력을 발휘하여 인류에게 불행을 가져올 것이라는 예언을 했고, 오늘날 그 예언이 현실로 나타나고 있다는 점에서 그의 풍부한 상상력에 놀라지 않을 수 없다.

구스망의 열기구
공개 실험
(브라질, 1944년)

그 후 기구에 대한 각종의 이론과 실험이 각국에서 이루어졌으나 가장 명확한 기록으로는 리스본에 살던 당시 포르투갈 식민지 브라질 출신의 신부 구스망(Gusman, 1686~1724)이 1709년 궁정에서 국왕 주앙 5세와 대신들이 보는 가운데 두꺼운 종이로 만든 기구를 띄워 보인 것이 있다. 종이 주머니 밑에 둔 토기 그릇에서 연료를 태워 얻은 뜨거운 공기로 이 기구는 3.6미터의 높이까지 상승하였다. 이것은 몽골피에 형제보다 1세기나 앞서 벌어진 열공기(熱空氣) 기구의 공개 실험이었다. 구스망은 기구 외에 글라이더 모형도

Wikipedia

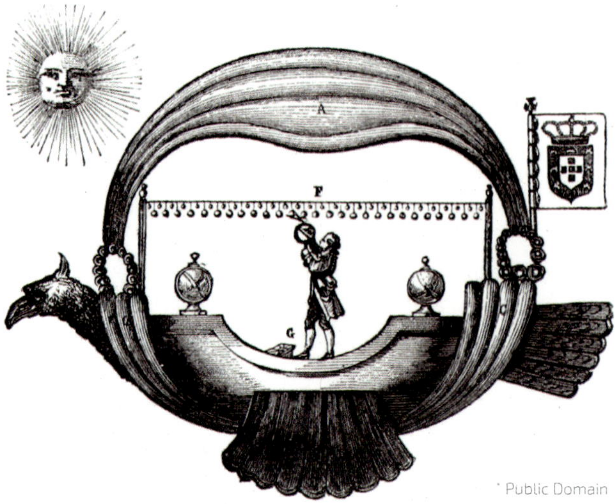

· Public Domain

구스망이 구상한 비행장치 '파사로라'

만들어 비행 실험에 어느 정도 성공하였다고도 전해진다. 그 당시에 발표된 파사로라(Passarola, 큰 새라는 뜻)라는 이름을 붙인 비행 장치의 그림을 보면 날개 외에 꼬리 날개가 있는 바이킹과 흡사한 모양을 하고 있으며 위를 덮은 수평의 큰 닻이 부력을 증가시키도록 되어 있다. 파사로라의 모형이 실물로 제작되어 비행에 성공한 것으로 전해지고 있지만 확실하지는 않다.

구스망의 파사로라
(벨리즈, 1983년)

인류 최초의 유인 비행 열기구

그러나 인류 역사상 제3차원의 하늘을 정복하는 전기가 된 것은 1783년 11월 21일이었다. 이날 처음으로 인간은 공상 비행의 오랜 방황에서부터 현실로 돌아와 염원하던 인류 최초의 유인 비행(The first human flight)을 실현시켰다. 비행의 꿈을 처음으로 현실화하여 지구의 중력을 극복하고 사람을 태운 채로 공중에 올라간 것은 새를 모방한 중(重)항공기가 아니라 공기보다 가벼운 경(輕)항공기인 열기구(Hot air balloon) 였다.

몽골피에 형제와 열기구
(헝가리, 1977년)

몽골피에 열기구
(말리, 1972년)

몽골피에 형제

열기구를 발명하여 하늘에서 최초의 유인 비행을 실현하는 데 성공한 사람은 프랑스의 몽골피에(Montgolfier) 형제였다. 프랑스의 리용 근처에 있는 작은 시골 마을인 아노네(Annonay) 출신인 조제프 미셸 몽골피에(Joseph-Michel Montgolfier, 1740~1810)는 부유한 제지업자의 아들로 제지 공장을 상속받아 경영하고 있었는데 5살 아래의 자크 에티엔 몽골피에(Jacques-Étienne Montgolfier, 1745~1799)와 함께 자연 과학, 수학 등에 관심이 컸으며 항공 문제에 대해서도 관심이 많았다. 그들은 어째서 연기가 하늘 높이 상승하느냐에 대한 의문을 가지고 기구의 연구를 시작하였다. 특히 뜨거운 연기가 든 종이 주머니가 하늘로 떠올라가는 것에서 힌트를 얻은 그들은 외기보다 가벼운 공기를 주머니에 넣으면 하늘로 떠오를 수 있다는 확신을 가지고 실험을 거듭하였다.

그리하여 1783년 4월, 젖은 짚과 양초를 태워 얻은 뜨거운 연기를 넣은 큰 종이 주머니를 천정까지 올리는 실험에 성공하였다.

몽골피에 형제의 이 열공기식 기구의 착상은 획기적인 것으로서 그 성공은 당시 위대한 발명이라 격찬을 받았다. 이 기구에 넣은 뜨거운 연기는 '몽골피에의 가스'라 명명되었다. 그 후 이들 형제는 자신들의 제지 공장 종이를 사용하여 열공기의 상승 원리를 응용한 직경 11미터, 용적 680입방미터의 거대한 열기구(熱氣球, 불어로는 발명자의 이름을 따서 '몽골피에'라고 함)를 만들어 1783년 6월 4일 아노네에서 최초의 공개 실험을 하였다. 인류 사상 최초의 이 열기구(이 시점에서는 무인)는 경이의 눈으로 구경하고 있던 군중 앞에서 상승하기 시작하여 2,000미터의 고도까지 올라갔으며 30분 후에 출발 지점으로부터 2킬로미터 떨어진 곳에

몽골피에 열기구
(독일, 1978년)

Wikipedia

무사히 착륙하였다. 현재 아노네 광장 근처 마르크 스갱 로(路)의 교차점에 이 최초의 성공을 기념하는 거대한 오벨리스크가 서 있다. 이 기념비의 정면에는 '조제프와 에티엔 몽골피에 형제에게 마을 사람으로부터'라고 새겨져 있으며 그 아래에는 '1783년 6월 4일에 성공한 최초의 기구 실험'이라는 문자가 새겨져 있다.

몽골피에의 동물비행 기구 (르완다, 1984년)

인간의 비행 가능성에 대한 하나의 전기를 마련한 이 실험의 결과는 일대 센세이션을 일으켰다. 정보 전달이 그다지 발달하지 못했던 당시였지만 즉시 파리에 전해졌고 이 사실이 전체 학계에 알려지자 프랑스의 과학원(Academie des Sciences)은 세기의 위대한 대실험을 파리에서 개최할 것을 몽골피에 형제에게 권고하였다. 이제 그들의 활동 무대는 시골 마을에서 파리로 옮겨지게 되었다. 같은 해 9월 19일, 베르사이유에서 그들은 기구에 매단 바구니에 양과 오리와 닭을 싣고 동물 비행 실험을 시도하였다. 이 기구는 8분간을 계속 비행한 후에 2.4킬로미터 떨어진 곳에 무사히 착륙했으며 동물들도 모두 무사하였음이 확인되었다.

Wikipedia

이에 자신을 얻은 몽골피에 형제는 사람을 태울 기구를 만들기로 결심하고 2개월간의 준비와 몇 차례의 실험 끝에 같은 해 11월 21일 인류 최초의 유인(有人) 비행(the first man carrying free flight)을 실시하였다. 당초 루이 16세는 이 비행에 사형 선고를 받은 죄수를 태울 계획이었으나 역사적으로 기념할 만한 비행에 죄수를 태워서는 안 된다는 여론에 직면하였다. 그러나 장 프랑수아 필라트르 드 로지에(Jean-François Pilâtre de Rozier, 1757~1785)와 프랑수아 로랑 아를란드 후작(François

Wikipedia

항공사상 최초로 인간을 태우고 하늘을 비행한 몽골피에 열기구

최초의 유인비행
몽골피에 열기구
(니카라과, 1978년)

Laurent, d'Arlandes)이 지망함으로써 이들이 탑승하기로 결정되었다. 이들은 로프로 연결된 몽골피에식 기구를 사용하여 상승 훈련을 하였다. 이 두 사람을 태우고 불로뉴의 숲(the bois de boulogne)에서 이륙한 유인 기구는 약 900미터 고도로 약 20분간 파리 상공을 비행하였는데 기구에 화통을 달고 비행사들이 짚을 태워서 열공기를 보급하였다.

첫 유인 비행의 정확한 이륙 지점은 파리 서부의 불로뉴 숲에 있는 뮈에트 성(Chateau de la Muette)이라는 곳인데 현재는 OECD(경제협력개발기구)의 사무국으로 사용되고 있다. 인류 최초의 이 유인 비행에는 루이 16세와 왕비 마리 앙투아네트도 동석하였다고 전해진다. 출발 직전에 분 돌풍 때문에 기구 표면의 일부가 찢어져서 출발이 두 시간 이상이나 지연되었다. 그리하여 오후 1시 54분에 비행을 시작한 열기구는 950미터까지 떠올라 갔으며 마침 그때 불어온 서풍을 타고 25분간에 8킬로미터를 비행하여 현재 파리 동부의 13구에 있는 뷔트 오 카이(Butte aux Cailles)에 무사히 착륙하였다. 무사히 착륙하였다고는 하지만 운집해있던 군중들이 이들의 옷을 기념품으로 가지려고 갈갈이 찢었다고 기록에 남아 있다.

최초의 유인비행
몽골피에 열기구
(중앙아프리카, 1983년)

아노네의 주민들은 자기들의 마을에서 인류의 역사를 바꾼 위대한 발명가가 태어난 것을 자랑스럽게 생각하여 1883년 샹 드 마르스(Champ de Mars) 광장에 몽골피에 형제의 동상을 세우고 최초의 유인 기구 비행 100주년을 기념하였다. 그리고 마을 한가운데에 있는 도로와 다리를 몽골피에로(路)와 몽골피에교(橋)로 이름을 바꾸어 오늘까지 그 업적을 기리고 있다.

몽골피에식 열기구와 샤를식 수소기구

Wikipedia

자크 샤를

몽골피에식 기구가 발명된 직후인 1783년 6월에 프랑스 과학원은 열기구의 개량에 착수하였다. 과학원은 '몽골피에의 가스'를 분석한 결과 이 가스가 지표면의 찬 공기보다 약 2분의 1정도 가벼운 것을 확인하였다. 그러나 1766년에 영국의 과학자인 캐번디시(Henry Cavendish)에 의해 발견된 수소(당시는 '뜨거운 공기'라고 불림)는 그 비중이 열공기보다 작으며 공기의 14분의 1 정도로 가볍다는 것을 알고 있었기 때문에 과학원은 이것을 이용한 수소 기구를 만들 것을 결정하였다. 그리하여 수소 발생 장치의 제작을 물리학자인 자크 샤를(Jacques Charles, 1746~1823)에게 위촉하였고, 기구의 제작은 로베르 형제(Robert brothers)에게 의뢰하였다. 그럼으로써 직경 4미터의 사상 최초의 수소 기구 '샤를

Public Domain

리에호(Charliere hydrogen balloon)'가 완성되었다. 1783년 8월 27일 30만 명의 군중이 운집한 샹 드 마르스 연병장에서 수소 충전을 끝낸 수소 기구는 마치 하늘에서 끌어올리듯이 똑바로 상승하여 구름 속으로 들어가 버렸다. 이 첫번째 샤를리에호는 45분을 비행한 후 파리 근교에 있는 마을로 내려앉았다.

Public Domain

최초의 수소 기구 샤를리에호

Public Domain

하늘에서 떨어진 기구를 악마의 피부로 착각하고 농부들이 갈기갈기 찢고 있다.

기구는 25킬로미터를 날아가 고네스(Gonesse)라는 지역의 시골마을에 떨어졌는데, 당시 하늘에서 내려온 유황의 악취를 풍기는 덩어리를 발견한 농부들은 당황한 나머지 비명을 지르는 등 대소란을 피웠다. 더욱이 이것을 본 두 수도사가 '이것은 괴수의 피부임에 틀림이 없다'고 단정함으로써 농부들은 농기구로 무장을 하고 싸울 준비를 했으며 이 기구의 잔해에 돌을 던져 대항하려고 하였다. 마을 농부들은 실험용으로 제작된 사상 최초의 수소 기구의 잔해를 말 꼬리에 매달아 마을에서부터 멀리 떨어진 들판에 버렸다. 이뿐만 아니라 몽골피에식 기구로 최초의 유인 비행이 실시된 지 불과 11일 후인 1783년 12월 1일, 샤를 교수와 로베르 형제 중 니콜라 루이가 파리의 튈르리궁(Tuileries Gardens) 마당에서 수소 기구를 타고 2시간 동안 43.5킬로미터 거리를 무사히 비

1783년 파리 최초의 열기구 비행 200주년 기념 (라오스, 1983년)

Public Domain

행한 후에 네슬레 라 발레에 무사히 착륙하였다. 이 기구에는 온도계와 기압계가 탑재되어 상승 중의 기온과 기압의 변화를 측정했는데 이것이 비행 중의 과학적 측량을 실시한 최초의 일이었다. 또 샤를 교수는 비행 중에 오른쪽 귀에 아픔을 느꼈다고 보고하였는데 이것이 비행중 생리적 영향에 관한 최초의 보고였던 셈이다. 불과 11일 사이에 열기구도 수소 기구도 모두 인류의 오랜 꿈이었던 유인 비행을 성공시켜 주었고 탑승원들도 모두 무사히 살아서 돌아왔다.

기구의 과학적, 군사적인 이용

이것을 계기로 프랑스를 위시한 유럽 각국은 물론 미국 등 전 세계적으로 기구 붐(Ballooning)이 파급되어 갔다. 각국의 기구 비행에 대한 연구와 함께 치열한 기구 개발 경쟁이 시작되었다. 당시의 대표적인 몇 가지를 살펴보면 첫째 몽골피에식 열기구와 샤를식 수소 기구와의 경쟁, 둘째 바람의 힘에 의존하지 않아도 되는 추진 장치의 개발에 대한 경쟁, 셋째 기구의 유효한 조종 수단의 개발 경쟁을 들 수 있다. 특히 기구의 추진 장치로 훈련된 독수리를 사용하자는 아이디어도 나왔으며, 수동식 프로펠러 등의 연구가 추진되었으나 어느 것도 성공하지 못하였다. 한편 기구가 과학적 목적 외에도 군사적 목적으로 널리 이용되었다. 기구 사용 실험들의 대표적인 예를 몇 가지 들면 다음과 같다.

몽골피에 열공기기구
(폴란드, 1981년)

- 1793년 1월 9일 미국 최초의 기구 비행이 필라델피아에서 실시되었다. 탑승자는 프랑스인 장 피에르 블랑샤르(Jean Pierre Blanchard)이었으며 뉴저지 상공을 6시간 비행하였다.

Public Domain

Public Domain

1804년 게이-뤼삭의 기구 상승

● 1803년 7월 18일 리에주 출신의 로베르송(Etienne Robertson)과 그의 조수 뢰스트(Lhoest)가 함부르크에서 기구를 사용하여 세계 최초의 고공에 대한 과학 조사 비행을 실시하였다.

● 1804년 8월 23일 프랑스의 화학자 조제프 루이 게이-뤼삭(Joseph Louis Gay-Lussac, 1778~1850)은 파리에서 기구로 상승하여 과학적 관측을 실시하였고, 7천미터 이상 상공에서의 공기의 구성이나 지자기의 상태가 지상과 전혀 다를 바 없다는 것을 발견하였다. 그는 고공에서 자기의 호흡과 맥박이 빨라졌다고 보고하였다.

● 1834년 8월 17일 유럽기구협회는 런던과 파리 간의 정기 여객 기구의 운항을 계획하여 비행권을 판매하기 위해서 런던에 세계 최초의 항공 사무소를 개설하였으나 기구 제작의 실패로 결국 실현되지 못하였다.

● 1836년 11월 7일 영국의 찰스 그린은 13시 30분에 런던을 출발하여 다음날 아침 7시까지 770킬로미터를 날아 독일에 착륙했다. 이는 최초의 야간 기구비행이었다.

Wikipedia

찰스 그린

Public Domain

영불해협을 넘어 독일에 착륙한 찰스 그린

● 1858년 10월 5일 프랑스의 가스파르 펠릭스 투르나숑(Gaspard-Félix Tournachon)이 계류 기구의 위에다 카메라를 장착하여 파리 시가의 일부를 촬영하는 데 성공했으며 이것이 최초의 항공사진이 되었다.

Smithsonian Institution

나다르(Nadar)라는 예명으로 활동하며 화제를 모았던 펠릭스 투르나숑(스튜디오에서 촬영한 연출 사진)

기구가 군사적 목적으로 실전에 사용된 기록도 있다. 군사 목적으로 실전에 사용한 최초의 사람은 나폴레옹이었다. 그는 1794년 6월의 벨기에의 플뢰뤼스에서 있었던 유럽 연합군과 프랑스군과의 전투(the battle of Fleurus)에서 군사 정찰의 수단으로 기구를 사용하여 프랑스군을 승리로 이끄는 데 큰 공헌을 하였다. 그 후에 나폴레옹은 영국 침략에 기구를 사용하여 병력을 수송할 계획을 세웠으나 실행에 옮기지는 못하였다.

Public Domain

플뢰뤼스 전투에서의 프랑스 정찰 기구

● 1849년 7월 22일 오스트리아군은 여러 개의 무인 열기구에 14킬로그램 무게의 시한 폭탄을 장치하여 베니스를 방위하고 있던 이탈리아군을 폭격하였다. 이에 의한 피해는 거의 없었던 것으로 기록되었으나 이것이 세계 최초 열기구 폭격 작전이었다.

군용 정찰 기구 엔터프라이즈호

● 1861년 4월 15일 미국의 남북 전쟁 중에 연방군은 계류 기구의 군용 정찰 능력을 시험해 보기 위해서 기구 엔터프라이즈호에 전보 회사의 기사를 탑승시켜 처음으로 공중에서부터 유선 전보를 송신하였다. 이렇게 전신(電信)을 이용한 탄착 수정을 지시함으로써 전쟁에 큰 공적을 올렸으며 이를 계기로 연방군은 육군 기구대를 편성, 전쟁에 투입하여 경찰 및 폭격 지휘의 임무를 수행하였다.

20세기에 들어오면서 기구 비행은 독일이 독점할 정도로 열을 올렸으며 그 결과 1913년 독일의 후고 카울런(Hugo Kaulen)이 87시간의 기구 비행의 기록을 남겼으며, 독일의 한스 베를리너(Hans Berliner)는 1914년 2월 8일 오늘날의 키르기스탄에 해당하는 우랄 산맥 인근 지역에서 시도한 비행으로 최장거리 열기구 비행기록(1,896마일)을 세웠고 이 기록은 1950년대까지 유지되었다.

블랑샤르와 존 제프리스의 블랑샤르식 수소기구 (상투메 프린시페, 1979년)

기구에 의한 영불(英佛) 해협의 횡단 비행

비록 새와 같은 자유로운 비행은 아니었지만 인간이 기구로 하늘을 비행하는 데 성공한 흥분이 채 가시기도 전에 센세이셔널한 사건이 발생하였다. 최초로 비행을 직업으로 선택한 당대의 유명한 기구 모험가인 장 피에르 블랑샤르(Jean Pierre Blanchard)가 영불 해협의 횡단 비행 계획을 발표했기 때문이다. 1785년 1월 7일 블랑샤르와 미국인 의사 존 제프리스 박사(Dr. John Jeffries)가 블랑샤르식 기구를 타고 영불해협 횡단을 시도했으며 의복까지 바다에 버리지 않을 수 없게 되어 거의 동사 직전의 상태에서 착륙했던 적이 있다.

영불 해협을 횡단한 블랑샤르식 기구

한편 최초로 몽골피에 기구에 탑승해 유인 비행에 성공한 바 있는 필라트르 드 로지에는 블랑샤르에게 영불 해협 횡단 비행의 공적을 빼앗긴 것에 자극을 받아 블랑샤르와 반대 방향으로, 곧

해안가 암벽에 부딪힌 로지에식 기구

프랑스로부터 횡단하려는 계획을 세워 수소와 열공기를 병용한 로지에식 기구를 타고 횡단을 시도하였으나 이륙 직후 공중 폭발 사고가 발생하여 해안가의 암벽에 부딪혀 사망하였다. 그의 기구는 원통형의 열기구 위에 원형의 수소 기구를 장치해서 아주 위험한 구조를 가지고 있기도 하였으나 사고의 원인은 열 때문에 수소가 팽창하자 부력 조절을 위해 공중에서 수소를 배출했는데 그 수소와 정전기가 방전, 인화하여 폭발한 것으로 추정되고 있다. 인류 최초의 비행이라는 명예를 얻었던 프랑스의 귀족 청년의 공명심이 결국 최초의 항공 희생자를 만들었다. 블랑샤르와 로지에의 영불해협 횡단 비행 시도는 역사적으로 기념할 만한 것이었으나 군사 연구가에게 큰 충격을 주었다. 사상 처음 국경이 하늘로부터 돌파되었기 때문이다.

블랑샤르식 수소기구
(라오스, 1983년)

최초의 항공 우편 비행

우편기구의 출발
(알제리, 1955년)

1870년 7월 19일 프로이센과 프랑스 간의 전쟁이 발발하였다. 이 전쟁에서 프로이센 육군은 영국인 헨리 콕스웰이 편성한 2개의 기구 분대를 실전에 사용하였다. 같은 해 9월 23일 프로이센군에게 완전히 포위된 파리에서 자유 기구를 사용한 탈출 작전이 시작되었다. 그 날 쥬르드르는 기구 넵튠(Le Neptune)호에 탑승하여 생 피에르 광장으로부터 상승하여 프로이센군 진지 상공을 통과하여 3시간 후에 약 90킬로미터 떨어진 에브루(Evreux)에 무사히 착륙하여 125킬로그램의 우편물을 공수하였다. 이것이 항공 우편의 효시가 되었다.

Public Domain

몽마르트 언덕 아래 광장에서 탈출을 준비하고 있는 기구

비행하는 항공 우편 기구를 사격하는 프로이센 군

1849년 프랑스의 우편기구
(라오스, 1990년)

1870-71년 보불전쟁 당시 포위된 파리로부터 기구로 우편물을 운반한 기구우편비행
(프랑스, 1971년)

이러한 탈출이 계속 시도되었지만 당시 파리에는 기구가 5~6개밖에 없었기 때문에 기구의 대량 생산과 승무원 양성이 급속하게 시작되었다. 승무원은 선원과 서커스 곡예사가 선정되었다. 다만 전달할 수 있는 정보량이 한정되기 때문에 편지를 필름으로 축소하여 전달하였으며 도착 후에는 다시 확대하여 보았다. 이것이 최초의 마이크로 필름 기술의 개발이었다고 한다. 한편 머리 위로 요인이나 중요 문서가 안전하게 탈출되는 것에 격노한 프로이센 군은 고공을 비행하는 기구를 사격하기 위해 최초의 대공화기를

기구에 의한 우편비행
(영국 채널 제도 저지, 1973년)

개발하였다. 이러한 작전은 그 이듬해의 1월 28일 프랑스가 항복할 때까지 계속되었으며 총 66개의 기구를 띄워 보내고 이 중에서 58개가 우군 기지에 무사히 도착하였다. 6개는 적군에게 포획되었으며 2개가 행방불명 되었다. 이 기간에 기구로 운반된 인원은 109명에 이르렀으며 전달된 편지 수가 250~300만 통이나 되었다고 전해진다.

실패로 끝난 북극 정복과 대서양 횡단 비행

살로몬 앙드레의 독수리호
(상투메 프린시페, 1979년)

19세기 말까지 세계 지도상에서 유일하게 공백으로 남아 있던 부분이 남극과 북극이었다. 1896년 스웨덴의 안드레(Salomon Andree)는 자유 기구로 북극 정복의 계획을 발표하여 세상을 놀라게 하였다. 1897년 7월 11일 그는 동반자 2명과 함께 슈피츠버겐(Spitsbergen)의 기지로부터 출발하여 같은 해 10월 2일까지 비행하였으나 이 시도는 실패로 끝났다. 33년 후인 1930년 8월 6일 그들의 시체와 기구의 잔해가 화이트 아일랜드(White Island)에서 발견되었다. 그런데 그들이 실패한 이유는 기상 변화, 연료 부족에 의한 추락이나 식량 부족이 아니고 상한 고기로 인한 식중독이 그 원인인 것으로 밝혀졌다.

북극 정복 비행에 실패한 안드레

미국에서도 기구를 사용한 대서양 횡단 비행 계획이 시도되었다. 1857년 미국의 존 와이즈는 대형 수소 기구 아틀란틱호를 타고 대서양 횡단 비행을 하고자 팀을 구성해 훈련했으나 온타리오 호 인근 지역의 돌풍으로 인해 추락사고를 겪으면서 계획이 수포로 돌아갔다. 그 후 1873년 10월 7일 미국의 워싱턴 도널드슨(Washington Harrison Donaldson)과 두 명이 거대한 수소 기구 데일리 그래픽호에 탑승, 뉴욕을 출발하여 대서양 횡단에 도전했지만 수 시간 후에 도중에 내려 앉음으로써 실패하고 말았다. 이처럼 몇 차례에 걸친 대서양 횡단 비행이 시도되었으나 끝내 실현에 옮기지 못하였다.

도널드슨과 데일리 그래픽호

대서양 횡단에 실패한 데일리 그래픽호

1783년 11월 21일, 최초로 사람을 태우고 하늘로 올라가고 있는 몽골피에 기구 (르완다, 1984년)

하늘을 날고 싶은 인간의 오랜 염원이며 꿈이었던 하늘 비행을 성공시킨 기구의 발명 과정과 이에 얽힌 여러 가지 숨은 이야기를 살펴보았지만 이것들은 결코 확실한 이론적 근거나 과학적인 기초 위에서 이루어진 것은 아니었다. 진공의 구리공인 라나 데 테르지의 '기구 구상'은 지금 생각해보면 과학의 이치를 도외시한 무지에서 오는 하나의 웃음거리 정도로, 전혀 실현성이 없는 유치한 착상에 지나지 않는다. 하지만 당시로서는 물보다 비중이 적은 물체는 물 위에 뜬다는 아르키메데스의 원리(Archimedes' principle)를 응용하여 공기보다 가벼운 물체가 있으면 하늘로 부상할 수 있다는 막연한 생각에서부터 시작되었던 것이었다.

구스망의 세계 최초 모형 열기구의 공개 실험도 뜨거운 공기는 상승한다는 완전히 경험적인 실험에 의해 이루어진 것이며 몽골피에 형제의 열기구도 배연통에서 올라가는 연기와 하늘 높이 떠 있는 구름을 결합하여 착상했던 것이 성공한 것이다. 열공기는 수소가 발명되기 17년 전인 1766년에 이미 발견되었으나 이를 인간의 비행 수단으로 사용할 수 있다고는 전혀 생각하지 못하였다. 또 기체에 열을 가하면 온도가 1도씩 상승하는데 섭씨 0도일 때의 부피를 기준으로 273분의 1씩 팽창한다는 샤를과 게이-뤼삭의 법칙이 확립된 것도 '몽골피에 가스'인 열공기의 발명보다 훨씬 후인 19세기 초였다.

몽골피에 형제의 열공기 시험

중세기의 위대한 천재 레오나르도 다 빈치가 새를 모방하여 하늘을 날고 싶어하는 인간의 위대한 꿈을 실현시키려고 했지만 이루지 못하였다. 그 후에도 많은 선인들이 계속 이에 도전했지만

World Air Sports Federation

오귀스트 피카르의 성층권 기구

새를 모방해서 만든 공기보다 무거운 비행기의 발명에는 아무런 진전을 보지 못하고 오히려 전혀 불가능하다고 생각했던 공기보다 가벼운 비행 장치인 기구에 의해 인간의 꿈이 이루어졌다. 발명, 발견의 역사를 보면 인류의 혁명적 진보에는 하나의 흐름 같은 것이 있어서 그 시기가 도래할 때 까지는 아무리 우수한 천재가 새로운 진보나 발명을 위하여 도전을 하더라도 결국 아무런 성과를 얻지 못하는 것을 확인하게 된다.

오귀스트 피카르의 성층권 기구 (벨기에, 1932년)

오늘날 기구는 장난감 정도의 작은 풍선을 비롯하여 기상학 관련한 측후(測候, 기상 상태를 알기 위하여 천문의 이동이나 천기의 변화를 관측하는 것), 연구를 위한 풍속 측정 기구, 탐공기구(探空氣球, pilot baloon, 고층 대기의 풍속과 방향 계산을 위한 데이터를 얻기 위해 사용하는 기록장치를 갖춘 작은 풍선) 같은 관측용 기구가 있으며 성층권의 상황 관측, 우주선의 연구를 위하여 3만 미터까지 올려 보내는 등 다방면으로 이용되고 있다. 다만 공기보다 가벼운 비행 장치로 발명되어 인간의 꿈을 실현시켜 준 기구나 비행선은 비행기의 발달사에 잠시 있었던 하나의 과정에 불과하였을 뿐 그것이 항공기의 발달에 아무런 도움을 주지 못하였다.

04

조종이 가능한 동력 기구, 비행선

인류 최초의 유인 비행을 성공시킨 기구는 19세기에 들어서면서 제한된 조건 아래 수송 수단으로 사용될 정도로까지 발전하였다. 그러나 추진 장치가 없어서 바람과 기류에 따라 움직였는데 자체 조종이 불가능하다는 점에서 엄격한 의미의 비행이라고는 할 수 없었다. 따라서 몽골피에 형제가 기구를 발명한 이후 기구 연구의 주요 과제는 바람의 힘에 의존하지 않고 독자적인 추진 장치로 역풍에도 비행할 수 있는 새로운 기구의 발명에 있었다. 이를 실현시키기 위해서는 어떤 종류의 동력이든 사용해야 했는데 이것이 가능하게 되기까지는 기구 발명 이후 거의 70년이 걸렸다.

Wikipedia

LZ 127 그라프 체펠린 비행선

04 조종이 가능한 동력 기구, 비행선

기구로부터 비행선으로

앙리 지파르의 비행선
(니카라과, 1977년)

19세기 초 이미 '프로펠러를 동력으로 회전하여 얻는 추력(推力)을 이용하면 된다'는 비행의 기본 원리에 대해서는 알고 있었으나 당시에 이용할 수 있었던 동력은 인력, 우마(牛馬), 독수리 정도였다. 또 화약식 로켓, 압축공기, 수동식 프로펠러, 수증기 제트 같은 많은 아이디어가 제안되었으나 어느 것도 기구의 추진 장치로서 성공하지는 못하였다. 그 뒤에 증기 기관, 전기 모터가 발명되었으나 마력당 중량이 지나치게 커서 비행용으로는 적합하지 않았다. 19세기 말에 가솔린 엔진이 발명되어 비로소 비행에 적합한 동력을 확보할 수 있었다. 이것이 바람을 따라 떠돌아다니는 기구로부터 벗어나 조종이 가능한 동력 비행장치로 발전하는 결정적인 계기를 마련하였다.

많은 연구와 실험이 거듭되었으나 실패를 계속하다가 1852년 9월 24일에 드디어 증기 엔진과 프로펠러를 장비한 기구, 즉 비행

Smithsonian Institution

앙리 지파르의 유선형 선체 비행선

앙리 지파르의 최초의 비행선 (바레인, 1971년)

선(Airship)을 프랑스의 앙리 지파르(Henri Giffard, 1825~1882)가 발명하였다. 종래의 기구는 구형이었지만 이 비행선은 공기의 저항을 작게하기 위해서 유선형으로 만들어졌다.

유선형으로 만들어져 균형이 완전하게 잡힌 이 비행선은 길이가 44미터였다. 공기 주머니를 덮은 망(網) 아래로 길이 20미터의 나무 막대기를 매달고 거기에 무게 160킬로그램, 출력 3마력의 증기 기관을 장비하여 직경 3.3미터의 프로펠러를 1분에 110번 회전시켜 시속 약 9킬로미터의 최고속도를 낼 수 있었다. 그리고 여기에 아주 초보적인 방향타를 설치하여 어느 정도 조정이 가능하게 했다. 불꽃으로 가스가 폭발하지 않도록 연도를 밑으로 향하게 한 치밀하게 설계된 비행선이었다. 동력을 이용한 최초의 비행은 1,800미터의 고도로 파리 경마장에서 엘랑쿠르까지 27킬로미터의 거리를 시속 10킬로미터의 속도로 비행한 것이었다. 그러나 이 비행선은 보일러에서 나오는 열기가 수소 가스에 인화될 위험 때문에 실용적인 비행 수단으로 발전하지는 못했다.

한편 1872년에 프랑스의 드 롬(De Lôme)은 인력 비행선으로 비행하는 데 성공했다. 길이 36미터, 최대 직경 15미터 높이 29미터의 이 비행선은 8명의 탑승원이 수동으로 프로펠러를 회전시켜 시속 10킬로미터 정도의 속도로 비행했다. 또 칼 마이어는 당시 성행했던 자전거를 이용해서 1인승의 인력 비행선을 제작했다. 그는 바람이 불지 않을 때를 틈타 아주 짧은 시간이었지만 시속 16킬로미터로 비행했다. 이러한 인력 비행선은 1910년 무렵까지 실제로 하늘을 비행했다.

Wikipedia

샤를 르나르, 크랩스의 전기 비행선 라 프랑스호

1884년에는 프랑스의 뫼동(Meudon)비행선학교의 사관생도였던 샤를 르나르(Charles Renard, 1847~1905)와 크랩스(A. C. Krebs, 1847~1935)가 국비(國費)를 비밀리에 사용하여 '라 프랑스(La France)'라는 이름의 전기 비행선을 건조하였다. 아름다운 유선형의 선체를 가진 이 비행선은 지멘스(Siemens)가 발명한 염화크롬 전지와 8.5마력의 전기 모터를 장착하여 프로펠러를 회전시킴으로써 시속 23킬로미터의 속도로 비행하는 데 성공했다. 특히 처음으로 이륙 지점으로 다시 귀환했다는 점에 비행 역사상 큰 의의가 있다. 그러나 이 비행선은 증기 기관보다 가볍다는 장점은 있었으나 바람이 조금만 강하게 불어도 모터가 무력해지고 조금만 속도를 내도 쉽게 전기가 없어졌기 때문에 장시간 비행을 할 수 없다는 결점이 있었다.

유인기구비행 200주년 기념
(몰디브, 1983년)

산토스 뒤몽의 가솔린 엔진 비행선

가솔린 엔진을 동력으로 이용해서 비행선을 개발한 사람은 프랑스에 살던 브라질인 알베르토 산토스 뒤몽(Alberto Santos Dumont)이다. 그는 1898년부터 1905년까지 파리에서 비행선을 제작했다. 그가 만든 초기의 비행선은 아주 유치했으나 마지막으로 제작한 비행선은 강력한 엔진을 장착한 반경식(半硬式) 구조의 대형 비행선으로서 화물과 여객을 탑재하기에 충분하였다.

산토스 뒤몽과 연식비행선 6호 (헝가리, 1977년)

1898년 제작된 비행선 1호는 길이 25미터의 황색 유선형 비행선이었으나, 기상문제로 이륙에 실패했다. 일년 뒤인 1899년 2호와 3호 비행선을 제작한 뒤몽은 마침내 에펠탑을 일주하는 비행에 성공했다. 그 뒤로도 비행선을 계속 건조한 그는 브라질의 거부였기 때문에 재정적인 어려움없이 비행선 제작에 전념하여 항공역사에 큰 발자취를 남겼다.

1900년 프랑스 항공 클럽의 유력자였던 앙리 도이치 드 라 모르테(Henri Deutsch de la Meurthe)가 제한시간 내에 에펠탑을 일주하는 비행에 10만 프랑의 상금을 걸었다. 11킬로미터의 거리를 그 시간에 왕복하는 것은 사실상 무리라는 비난도 있었으나 뒤몽은 비행선에 출발했던 지점으로 다시 돌아

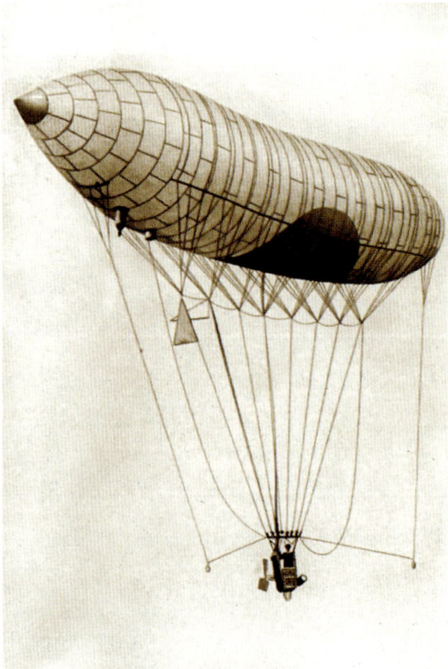
Wikipedia

알베르토 산토스 뒤몽의 '뒤몽 비행선 제1호'

산토스 뒤몽과 에펠탑을 일주비행하고 있는 그의 비행선 (캄보디아, 1993년)

올 수 있는 조종 기능이 있다는 것을 증명할 절호의 기회라고 생각하고 1901년 여름에 새로운 비행선 제5호를 제작하여 이에 도전했다. 그리하여 7월 13일 오전 6시 41분에 생 클루를 이륙한 황색의 비행선은 센강을 넘어서 출발 13분 후인 6시 34분에 에펠탑을 일주하고 귀로에 들어섰다. 그런데 그 순간 엔진에 이상이 생겼다. 난항 끝에 약속 시간보다 10분이 늦은 7시 21분에 출발지 상공까지 왔으나 엔진이 완전히 멎어버려 착륙하지 못하고 표류하다가 결국 불로뉴 숲에 추락하고 말았다. 다행히 뒤몽은 무사했다.

그 후 재도전을 시도했는데 공중 폭발로 실패하였고 1901년 10월 19일 6호 비행선을 이용해 29분 만에 에펠탑을 일주 비행하여 상금을 획득하는 영광을 안았다. 당시로서는 획기적인 쾌거였다. 그는 상금을 비행선에 관여했던 정비사와 파리의 빈민들에게 전부 희사하여 파리 시민의 영웅이 되었다.

Smithsonian Libraries

에펠탑을 일주하는 비행에 도전하고 있는 '뒤몽 비행선 제5호'

Wikipedia

알베르토 산토스 뒤몽의 복엽 비행기 '14-비스(bis)'

뒤몽은 모두 14척의 비행선을 제작했으나 미국의 라이트 형제가 공기보다 무거운 항공기의 비행에 성공했다는 소식을 듣고 자극을 받아 비행선 제작을 그만두고 새로운 과제인 비행기의 제작에 도전했다. 1906년 11월 13일 14번째로 제작한 반경식(半硬式) 비행선의 아래에다 상자를 여러 개 연결한 것과 같은 모양의 14-비스(bis) 복엽(複葉) 비행기를 매달고 비행하는 등 여러 가지 시도를 했다.

당시 기구, 비행선, 복엽기, 단엽기 등의 조종 면허증을 소지했던 그는 항공 역사상 최고의 파이오니어로서 명성을 남겼지만 제1차 세계대전 때에 체펠린의 비행선이 군사 목적의 병기로 사용되어 인류에게 큰 피해를 주는 것을 보고 책임을 통감하여 자살을 기도하는 등 불우한 말년(末年)을 보냈다.

산토스 뒤몽과 '14-비스(bis)'
(우루과이, 1956년)

비행선의 아버지 - 체펠린 백작

체펠린과 비행선 LZ 1
(그라나다, 1975년)

1900년 7월 2일, 독일과 스위스의 국경에 가로놓인 보덴제의 콘스탄츠 호수에서 한 척의 대형 비행선이 이수(離水)하여 비행하는 데 성공하였다. 이것은 독일의 퇴역 장군인 체펠린(Graf Ferdinand von Zeppelin: 1838~1917)이 오랜 노력 끝에 완성한 경식(硬式) 구조의 비행선 LZ 1호였다. 당시의 상식으로 보면 아주 기묘한 모양의 비행선을 제작하고 있었기 때문에 처음에 사람들은 그를 가리켜 '바보 백작' 또는 '미친 백작'이라며 이해하려고 들지 않았다. 또 그의 비행선이 새로운 비행선 시대의 막을 열 것이라고는 아무도 예상하지 못했다.

그 이전의 비행선은 대부분 두터운 천으로 만든 유선형의 가스 주머니에 수소를 채워 넣은 연식(軟式) 비행선으로서 모양이 변하기 쉬웠을 뿐만 아니라 화재의 위험이 있었다. 그리고 추진 장치를 장착하여 대형화하는 데에도 한계가 있었다. 그러나 체펠린의 비행선은 이제까지의 연식 비행선과는 근본적으로 다른 구조를 가진 경식 비행선이었다.

Wikipedia

체펠린의 LZ 1 비행선

German Federal Archive

이것은 알루미늄으로 유선형의 골격을 조립하고 나서 그 위에 두터운 포목을 덮고 다시 그 속에 16개의 수소 가스 주머니를 장비(裝備)하였다. 그리고 앞뒤 두 개의 곤돌라에 각각 16마력의 가솔린 엔진을 장착하였는데, 이 엔진은 또 각각 좌우로 두 개의 프로펠러를 회전하도록 되어 있었다. 다만 이 비행선에는 안정판이 없었으며 무거운 추를 앞뒤로 움직여 그 트림(trim, 조금씩 조정하는 것)을 이용하여 조종하도록 되어 있었다.

그의 비행선은 기본 골격 구조가 금속이기 때문에 선체의 대형화가 가능했으며 또 풍압으로 선체가 변화하는 것을 방지할 수 있었다. 또 큰 엔진을 몇 개라도 장착하여 속도를 빠르게 할 수 있다는 장점이 있었고 추진 장치로 가솔린 엔진을 사용함으로써 비행선의 성능을 대폭 향상시킬 수 있었다.

제펠린 비행선 LZ 10 슈바벤
(콩고 공화국, 1977년)

최초의 경식 비행선은 체펠린이 직접 조종해서 비행했지만, 너무 속도가 느려서 조종이 곤란하였고 구조적으로도 약했기 때문에 3개월 후에 폐기(廢棄)되고 말았다. 그러나 그는 희망을 버리지 않고 계속 도전하여 14년 동안 거대한 비행선 130척을 제작하였다.

체펠린의 여객 수송 비행선 'LZ 120'

체펠린 비행선 LZ 120
(콩고 공화국, 1977년)

무엇보다도 체펠린의 비행선은 단순히 하늘을 나는 장치에 그치지 않고 화객(貨客)을 수송할 수 있는 교통 기관으로서의 지위를 확보했다는 점에 큰 의의가 있다. 그는 세계 최초의 민항사인 독일비행선주식회사(Deutsche Luftschiffahrt A. G., DELAG)를 1909년에 설립하였다. 이 회사는 비행선으로 여객을 수송하고 승무원을 훈련할 것을 목적으로 설립하였는데 본사를 프랑크푸르트에 두고 독일의 여러 도시 사이에 여객을 수송하는 정기항공 서비스를 개시하였다. 이때에 사용된 비행선은 20인승 또는 25인승으로서, 1910년부터 제1차 세계대전이 시작되기 직전인 1914년까지 5년 동안 7척의 체펠린 비행선으로 모두 3,176시간을 비행하였으며 3만 4,028명의 승객을 수송했다. 이 기간에 비록 3척의 비행선을 잃어 버리기는 했지만 한 사람의 사상자도 내지 않았다. 운임은 한 사람에 유람(遊覽) 비행이 50달러, 도시 간 비행이 150달러였다.

체펠린 백작은 독일과 스위스 사이에 있는 보덴제의 콘스탄츠 호반에서 태어났는데 지금도 그의 생가가 남아 있다. 젊었을 때는 군인으로 활약하였고 52세로 퇴역한 뒤에는 비행선의 개발에 여생을 바쳤다. 이 호숫가에 있는 프리드리히스하펜에는 1909년 이래 거대한 공장과 대형 격납고가 증설되었으며 체펠린 비행선 건조의 본거지가 되었다. 역사상 마지막 비행선이 된 힌덴부르크호와 '그라프 체펠린 2(Graf Zeppelin II)'를 비롯한 경식 비행선의 주류를 이룬 130척의 체펠린 비행선은 모두 여기에서 건조되었다. 이 마을에는 체펠린 기념관이 있고 지금도 체펠린 이름을 가진 공장이 있기는 하지만 항공 관계의 사업은 하지 않고 있다.

Deutsches Historisches Museum

페르디난트 폰 체펠린

이집트 스핑크스 위를 비행하고 있는 그라프 체펠린 (마다가스카르, 1976년)

체펠린의 초상화와 LZ 127 그라프 체펠린 (몰디브, 1977년)

한편 체펠린이 세운 세계 최초의 항공사 DELAG의 본거지였고 비행선에 의한 정기항공 수송의 중심이었던 프랑크푸르트 공항의 동쪽에 인접한 체펠린하임에는 체펠린 박물관이 있어 그와 비행선에 관계되는 각종 유품을 진열해 놓고 있다.

Wikipedia

독일 프리드리히스하펜의 제작소에서 조립중인 'LZ 127'

이륙 준비 중인 체펠린 비행선
(니카라과, 1977년)

무기화된 비행선

제1차 세계대전이 시작되면서 독일, 영국, 프랑스, 이탈리아와 같은 나라들이 비행선의 유효성을 인식하게 되었다. 각국은 경식, 연식, 반경식 비행선을 서로 앞다투어 건조하여 취항시켰는데 독일의 경식 비행선이 주류를 이루었다. 프랑스는 목제(木製) 골격의 경식 비행선을 제작하였으나 기능에 무리가 있었기 때문에 성공을 거두지 못했다. 미국이 비행선에 주목하기 시작한 것은 1911년 무렵으로 여러가지 소형 비행선을 건조했다. 그러나 본격화된 것은 오하이오주 아크론에 거대한 비행선 센터를 개설한 1931년부터였다.

1914년 7월 28일 제1차 세계대전이 발발하면서 평화적인 정기 항공의 꿈은 깨졌다. 비행선이 군사 목적으로 사용된 것이다. 그리하여 체펠린 비행선은 해군(海軍)의 비행선부대에 소속되어 전선으로 나갔다. 1915년 8월 18일 5척의 비행선이 최초로 런던 폭격을 감행했고, 이후에는 10척의 새로 만든 비행선이 런던 폭격에 가담하였다. 30년 후인 제2차 세계대전 때 했던 독일 공군의 런던 폭격에 비하면 아무 것도 아니지만 당시로서는 대단한 위력을 나타냈다.

Wikipedia

1915년 5월 31일 LZ 38의 영국 습격

제1차 세계대전 중에 비행선은 비행기보다 항속 거리가 길고 폭탄의 탑재력이 컸기 때문에 그 활동 범위도 훨씬 컸다. 제1차 세계대전이 끝날 때까지 독일군은 모두 103척의 비행선을 건조하였다. 제1차 세계대전은 끝났지만 독일 비행선의 군사 행동은 여기서 끝나지 않았다. 제1차 대전 중에 건조되었던 '체펠린'호와 최후의 비행선인 '체펠린 2'호는 제2차 세계대전 이전까지 남아 있었다. 그리고 1940년 5월 프랑크푸르트 공군 기지 격납고에서 폭파될 때까지 군사 목적의 비행이 비밀리에 실시되었다.

US Navy

제2차 세계대전 중 호송대 위를 지나는 미 해군 K급 비행선

비행선을 군사 목적으로 사용하였던 것은 독일에서만 있었던 일이 아니고 미국도 제2차 세계대전 중에 168척의 비행선을 보유하고 군사 목적으로 이용하였다. 비행선은 대형 장거리 수송기로서 민간 수송에도 이용되었지만 강력한 무기로써 악용되고 말았다. 이러한 현상은 비단 항공기에서만 볼 수 있는 것이 아니고 과학 기술의 진보에 따라 얻은 많은 성과들이 직면한 공통 운명인지도 모른다.

미 해군 비행선
(아제르바이잔, 1995년)

세계대전 중에 비약적인 발달을 한 비행선은 대전이 끝나자 다시 유럽 각국에서 평화적인 목적으로 널리 사용되었다. 제1차 세계대전이 끝난 후에는 지중해와 대서양을 횡단하는 노선과 북남미의 정기 노선이 재개되어 그라프 체펠린호도 여객 운송에 투입

되었다. 결과적으로는 이 비행선들의 상당 부분이 폭풍 때문에 난파하였다. 당시에는 항공기상 분야가 아직 발달하지 못했기 때문에 불가피한 일이었다. 물론 오늘날처럼 항공기상 자료를 이용하면 폭풍권을 피할 수 있겠지만 대형 선박처럼 선체가 지나치게 거대한 비행선은 사실 하늘을 날기에는 알맞지 않으며, 따라서 항공기상이 발달한 오늘날에도 비행선이 옛날의 화려했던 지위를 되찾기는 어렵다고 본다.

비행선에 의한 세계일주 여행

1919년 7월 6일 대서양 횡단비행에 성공한 R.34 (루마니아, 1978년)

1919년에는 스코트 소령과 30인의 승무원을 태운 영국의 비행선 R.34가 최초로 대서양 횡단 비행에 성공했다. R.34는 7월 2일 스코틀랜드를 출발하여 6일 뉴욕에 도착, 다시 9일에 뉴욕으로부터 반대 방향으로 횡단 비행하여 무사히 귀국함으로써 같은 비행기로는 최초로 대서양 무착륙비행을 왕복으로 해내는 기록을 수립하였다. 또 632킬로미터의 거리를 108시간 12분에 걸쳐서 비행함으로써 그때까지의 비행 역사상 체공 시간에서 세계 기록을 수립했다.

대서양 무착륙비행을 왕복으로 수행한 영국 비행선 R.34

Wikipedia

1929년 그라프 체펠린호를 타고 세계일주 비행에 성공한 에케너 박사

LZ 127 그라프 체펠린호 세계일주 비행 중 영국 방문 (헝가리, 1981년)

Wikipedia

세계 일주 비행 성공 기념 발행 주화

한편 비행선 항공 회사의 지배인으로 체펠린과 함께 독일 비행선의 발전에 크게 이바지 한 젊은 경제학자 에케너(Dr. Hugo Eckener) 박사는 세계 일주 여행에 성공하여 비행선 역사상 최대의 업적을 남겼다. 1929년 8월 8일 그라프 체펠린호를 타고 미국 뉴저지주의 레이크허스트(Lakehurst) 공항을 출발하여 독일의 프리드리히샤펜(Friedrichshafen) 공항까지 7,068킬로미터의 거리를 55시간 동안 비행한 그는 다시 러시아를 거쳐 동경(東京) 근처 비행선기지에 도착하기까지 약 102시간을 비행하여 일본인의 열광적인 환영을 받았다.

일본에서 여러 날을 체류한 그라프 체펠린호는 최초의 태평양 횡단에 도전하여 순조롭게 미국 서해안에 도달하여 샌프란시스코를 거쳐 로스앤젤레스에 착륙했다. 그 뒤 마지막 코스인 미국 대륙 횡단비행을 하여 이틀 후인 8월 29일 목적지인 레이크허스트 공항에 도착하였다. 21일 5시간 31분의 비행 기록으로 세계 일주 비행이 이루어진 것이다.

LZ 127 그라프 체펠린호 세계일주 비행 중 일본 방문 (헝가리, 1981년)

1929년 세계 일주 비행에 성공한 그라프 체펠린호

이때 탑승했던 그라프 체펠린호는 전체 길이 236.6미터, 최대직경 30.5미터, 550마력의 엔진 5대를 장착한 사양으로, 최대속도 시속 128킬로미터, 항속거리 1만킬로미터의 성능으로 20명의 승객과 36명의 승무원이 탑승할 수 있는 대형 경식 비행선이었다.

그 뒤 체펠린 백작호는 1930년과 1931년 두 차례에 걸쳐 북극권(北極圈) 조사 비행을 하였다. 더욱이 두 번째 비행에는 각국의 과학자가 탑승하여 학술적 자료를 많이 수집하였다. 또 신형 항공 카메라를 사용하여 항공 사진을 촬영함으로써 새로운 북극권 지도 제작에 크게 기여했다.

체펠린 비행선의 북극비행
(몽골, 1977년)

북극권 조사 비행을 위해
북극해에 착륙하는 그라프 체펠린호

최후의 비행선, 힌덴부르크호

1934년 5월, 독일 정부는 세계 일주 비행에 성공한 그라프 체펠린호보다 크고 항속거리도 길며 선실(船室) 설비 또한 월등히 개선된 힌덴부르크호의 건조에 착수하여 2년 만인 1936년에 완성하였다.

뉴욕 상공을 비행하는 LZ 129 힌덴부르크호 (구 오트볼타, 현 부르키나파소, 1976년)

이것은 선체의 길이가 245미터, 직경 41미터, 최대 61명의 승무원과 70명의 승객이 탈 수 있어 사람이 만든 건조물로서는 기술사(技術史)에 남을 정도로 큰 것이었다. 화려한 객실, 그랜드 피아노를 설치한 오락실, 그리고 흰색 유니폼을 입은 스튜어디스가 프랑스산 와인을 곁들인 요리를 서비스하는 고급 식당이 갖춰진, 그야말로 호화로운 하늘의 여객선이었다. 오늘날 하늘의 거인으로 각광받는 점보기도 60년 전의 이 비행선에 비하면 규모나 객실 서비스가 비교가 안 될 정도이다. 힌덴부르크호는 14개월 동안 63회를 비행했는데 북대서양만 15회를 횡단하였으며 비행 거리는 30만 킬로미터에 이르렀다.

Wikipedia

Wikipedia

LZ 129 힌덴부르크호

US Navy

1937년 레이크허스트
상공에서 폭발한
힌덴부르크호 최후의 순간

그러나 1937년 5월 6일, 힌덴부르크호는 뉴저지주의 레이크허스트 공항에 착륙하다가 갑자기 일어난 폭발 사고로 순식간에 화염에 싸여 추락하고 말았다. 정확한 사고 원인은 알 수 없으나 수소 가스가 정전기 때문에 발화한 것으로 알려지고 있다. 36명의 사상자를 낸 비극적인 사고였으며 비행선계에 치명적인 타격을 주었다. 이를 계기로 화려했던 40년간의 비행선 시대가 막을 내리게 되어, 이후 항공 수송 수단으로서의 비행선의 모습은 두 번 다시 볼 수 없게 되었다.

하늘을 날고 싶어 했던 인류의 오랜 공상 비행 시대에 종지부를 찍고 최초의 유인 비행을 성공시켰던 기구의 뒤를 이어 동력 기구 비행선이 발명됨으로써 자유로운 비행이 가능해졌고, 또 이것이 사상 최초의 항공 교통 수단으로 사용되었다. 이처럼 하늘을 날고 싶어하는 인류의 염원을 실현시켜 주는 데 상당한 공헌을 했던 비행선의 시대 40년 중에서 체펠린의 대형 경식 비행선이 취항한 시기가 전성기였고 1937년 힌덴부르크호의 폭발 사고까지 비행선의 황금기가 계속되었다.

대서양을 횡단비행하고 있는
체펠린의 경식 비행선 힌덴부르크호
(독일, 1936년)

그러나 기구나 비행선은 결국 주머니에 공기보다 가벼운 기체를 충전하여 그 부력을 이용하여 비행하는 것이다. 공기의 밀도는 물의 약 800분의 1에 지나지 않기 때문에 공중에서 부력을 얻는 것이 수중에서 부력을 얻는 것에 비해 훨씬 어렵다. 따라서 공중

에서 충분한 부력을 얻기 위해서는 결국 비행선과 같이 아주 거대한 것이 되지 않을 수 없다. 이렇게 되면 조종성이 둔화하고 비행성능도 좋지 않으며 또 취급도 불편해질 뿐만 아니라 안전성에도 많은 문제가 따른다. 따라서 비행선은 그 화려했던 하늘의 왕좌를 제1차 대전을 계기로 획기적인 발전을 한 비행기에 양보하지 않을 수 없었다.

그 뒤로 대형 경식 비행선의 제작은 중단되었지만 연식 비행선은 계속 개발되어 왔으며 오늘날까지 지속되고 있다. 또한 대형 비행선에 대한 연구도 다시 활발해지고 있다. 힌덴부르크호의 사고 뒤에도 사실상 하늘에서 비행선이 완전히 사라진 적은 한 번도 없었다. 성층권(成層圈) 탐색용 기구나 선전용 비행선으로 그 명맥을 유지해 오고 있다.

기구로부터 비행선에 이르기까지 많은 사람들의 연구와 노력이 있었지만 오토 릴리엔탈이 통렬하게 비판한 것과 같이 기구나 비행선은 비행기의 발달에 아무런 영향을 주지 못하였다. 비행기의 발달 과정에서 볼 때 비행선은 다이나믹한 비행을 할 수 있는 비행 장치에 쏟아야 할 에너지를 거대한 비행선에 쏟게 함으로써 오히려 비행기의 발명을 늦춘 결과를 가져왔다는 평가를 받고 있다. 이것은 비행선의 발명과 개발에 전력을 다한 사람들에게는 참으로 유감스러운 일이 아닐 수 없다.

연식 비행선 R101
(베트남, 1990년)

San Diego Air & Space Museum

연식 비행선 R101

05

구름 위까지 날아오른 조인들

19세기 후반에 공기보다 가벼운 비행장치인 비행선이 실용화되면서 공기보다 무거운 비행 장치인 비행기에 대한 과학적인 연구가 본격화되었다. 그 결과 동력 비행에 필요한 가벼운 가솔린 엔진, 양력 발생에 필요한 고정익 그리고 추진에 필요한 프로펠러가 발명되었고 조종성과 안전성을 확보할 수 있는 방법이 발견됨으로써 새처럼 자유롭게 비행할 수 있는 비행 기계가 발명되었다.

라이트 형제의 플라이어 1호

05 구름 위까지 날아오른 조인들

동력 비행에 공헌한 선각자들

오토 릴리엔탈
(독일, 1934년)

항공기 역사에 있어 공기보다 무거운 동력 비행기를 발명한 사람은 미국의 윌버 라이트와 오빌 라이트 형제였다. 그러나 그 밖에도 동력 비행을 실현시키는 데에 공헌한 선각자로서는 조지 케일리를 비롯하여 오토 릴리엔탈, 윌리엄 S. 헨슨, 옥타브 샤누트, 새뮤얼 P. 랭글리, 하이럼 맥심, 알퐁스 페노 같은 사람들이 있다.

비행기의 기본 설계인 날개와 동력과 프로펠러가 있으면 공기보다 무겁더라도 비행할 수 있다는 생각은 라이트 형제 이전에 이미 있었다. 그럼에도 불구하고 라이트 형제가 비행기의 발명자로 인정되는 이유는 다음 세 가지로 요약될 수 있다. 첫째는 인간을

Library of Congress

월버와 오빌 라이트 형제와
최초의 동력 비행기 플라이어 1호
(루마니아, 1985년)

태워서 비행했다는 점이다. 인간이 타지 않은 비행기 즉 모형 비행기는 라이트 형제 이전에도 있었다. 둘째는 동력을 사용하였다는 점이다. 동력을 사용하지 않은 비행기 즉 글라이더는 라이트 형제 이전에 이미 있었으며 라이트 형제 자신도 글라이더에 의한 실험과 비행 연습을 통하여 비로소 동력 비행을 완성시킬 수 있다는 자신감을 얻었다. 셋째는 비행한 기체가 공기보다 무거운 중(重) 항공기였다는 점이다. 공기보다 가벼운 경항공기는 라이트 형제 이전에 있었다. 기구나 비행선이 여기에 해당된다. 라이트 형제는 이와 같은 세 가지의 조건을 만족시킨 비행에 성공했기 때문에 항공 역사상 최초의 인력 비행의 실현자로서의 영광을 차지할 수 있었던 것이다.

NASA

1902년 10월 10일 노스캐롤라이나 주 킬 데빌 힐스에서
라이트 형제의 글라이더 세 번째 테스트

비행 이론의 선구자 케일리

조지 케일리

근대 비행 이론의 선구자는 영국의 과학자 조지 케일리 경(Sir George Carley, 1773~1857)이다. 그는 15세기의 다 빈치에 버금가는 공헌을 했는데 비행에 대한 이론적인 문제를 과학적으로 다룬 최초의 사람으로서 후세의 항공 역사가들이 그를 '항공의 아버지'라고 일컬을 정도로 항공의 과학적인 기초와 근대적인 항공의 이론을 확립하는 데 절대적인 공헌을 했다.

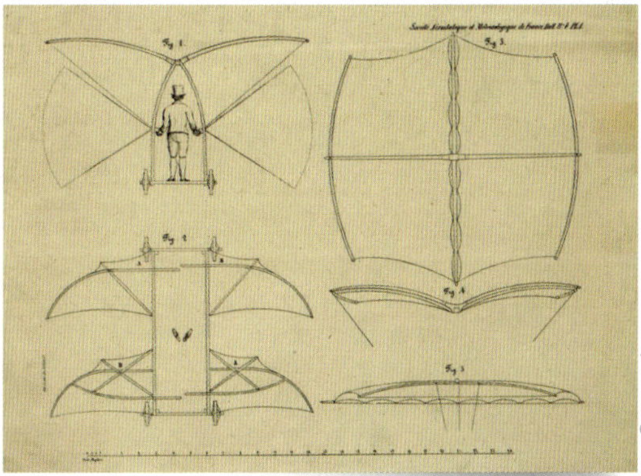

조지 케일리의 글라이더 개념도

다 빈치는 스스로의 경험을 토대로 사람은 가동익(可動翼) 방법(새처럼 날개를 움직여서 비행하는 방법)으로 비행하기 위해서는 가슴 근육보다 다리 근육을 효과적으로 이용하면 성공할 수 있다고 생각했다. 그러나 케일리는 새의 가슴 근육은 새의 모든 근육이 낼 수 있는 힘의 3분의 2 이상을 낼 수 있기 때문에 비행이 가능하지만, 인간은 어떤 수단을 동원하더라도 비행에 기여할 수 있는 힘은 근육 전체가 낼 수 있는 힘의 10분의 1밖에 되지 않기 때문에 날개를 움직여서 비행하는 가동익 방법으로는 비행할 수 없다고 생각했다.

그는 공기보다 무거운 기체의 비행 가능성을 이론적으로 확립한 최초의 인물이다. 즉 새처럼 날개를 움직여서가 아니고 고정익을 일정한 속도 이상으로 전진시키면 양력이 발생한다는 원리, 즉 고정익을 이용한 비행 방법을 제시하였던 것이다. 이러한 그의 착상은 근대 공기역학의 중심이 되는 익이론(翼理論, 날개에 관한 이론)의 기본이 되었으며 오늘날의 항공 역학의 기초를 확립하였다.

즉 그는 공중을 비행하기 위해서는 연과 바람의 관계처럼, 기체가 전진할 때 날개에서 생기는 항력(抗力, 공기 저항)을 극복할 수 있는 추진력이 필요하며 이를 위해서는 증기 기관을 이용하면 된다고 주장하였다. 그러나 그의 이론을 실용화하기에는 당시의 과학 기술을 가지고는 무리였으며 가볍고 강력한 엔진도 없었기 때문에 결국 실현되지 못하였다가 1903년에 라이트 형제에 의해 비로소 이루어졌다.

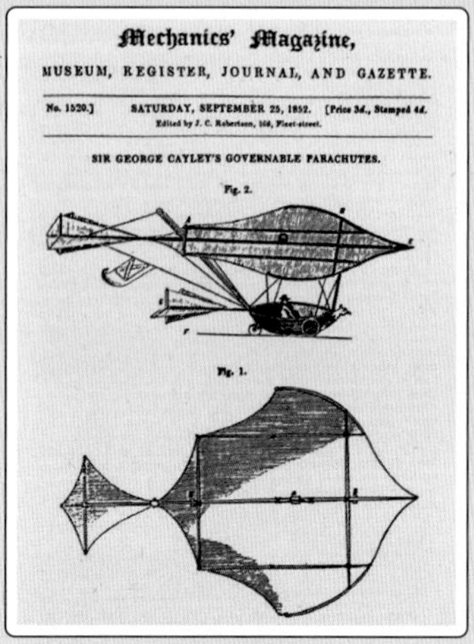
Wikipedia
Mechanics' Magazine,
MUSEUM, REGISTER, JOURNAL, AND GAZETTE.
No. 1520.] SATURDAY, SEPTEMBER 25, 1852. [Price 3d., Stamped 4d.
SIR GEORGE CAYLEY'S GOVERNABLE PARACHUTES.
Fig. 2.
Fig. 1.

1852년 영국의 과학자 조지 케일리가 설계한 글라이더를 소개한 당시 과학잡지의 표지

릴리엔탈의 글라이더 비행

케일리의 날개와 동력을 이용하는 방법 말고도 항공기가 전진하는 힘을 얻을 수 있는 또 하나의 방법은 지구의 중력을 이용하는 것으로 이것이 바로 활공기인 글라이더의 원리이다. 글라이더는 대기 중에서 강한 상승 기류를 만나면 그 기류를 타고 상승할 수도 있다.

케일리도 오랜 연구 끝에 1804년에 모형 글라이더를 완성하여 시험 비행에 성공하였다. 1853년에는 모형이 아닌 실제 글라이더를 만들어 비행에 성공하였다. 그 뒤 글라이더에 동력을 장치하려고 많은 노력을 했으나 성공하지는 못하였다.

오토 릴리엔탈과 글라이더 비행
(루마니아, 1978년)

케일리 이후에 많은 사람들이 글라이더 비행을 시도하였으며 그 가운데에서도 가장 유명한 것이 독일의 릴리엔탈(Otto Lilienthal, 1848~1896)의 글라이더였다. 그는 활공 실험과 날개에 작용하는 공기의 힘에 대하여 많은 연구를 진행하여 날개의 형태와 각도를 최적화하고 공기 저항을 최소화하여 비행의 안전성을 높였다.

그는 자기의 연구 성과를 확인하기 위하여 2년 뒤인 1891년에 단엽식 글라이더를, 그리고 1893년에는 양력을 증가시키기 위해서 복엽식의 글라이더를 제작하여 활공 실험을 하였다. 오토 릴리엔탈은 1896년 결국 활공 비행을 하다가 추락해서 죽고 말았지만 그만큼 많은 글라이더를 제작한 비행 연구자가 없다. 그는 18가지의 서로 다른 글라이더를 제작하였다. 그리하여 2천여 회의 활공 실험을 통해서 날개에 작용하는 공기의 특성에 대한 케일리의 이론을 실증하는 데에 크게 공헌하였다.

1891년 릴리엔탈의
글라이더 활공 실험
(독일, 1979년)

Wikipedia

1981년 오토 릴리엔탈의 글라이더 활공 실험

헨슨의 공중 증기차

케일리의 비행 연구나 릴리엔탈의 실험은 그 당시 많은 사람에게 영향을 주었다. 케일리의 중(重) 항공기에 대한 비행 이론을 근거로 1842년 영국인 헨슨(William Samuel Henson, 1812~1888)은 공중(空中) 증기차(蒸氣車)를 설계하여 특허를 따냈다. 그의 비행기는 결국 제작되지 못하였지만 폭 46미터, 넓이 420평방미터의 주날개를 가진 기체에 25마력의 증기 엔진 2기를 장착하여 2개의 추진식 프로펠러를 회전시키도록 되어 있었다. 이것은 고정익의 프로펠러 추진식 비행기로서는 사상 최초의 설계였다. 그는 날개폭 6.1미터의 모형기를 만들어 1845년에 실험 비행을 시도했으나 결국 지상에서 이륙하지 못한 채 실패하고 말았다.

Wikipedia

헨슨의 공중 증기차
(기니 공화국, 1979년)

페노의 동력 모형 비행기

헨슨의 공중 증기차와 케일리의 비행 이론이 널리 알려지면서 비행기의 개발이 아주 활발해져 많은 사람들이 이에 도전하였다. 특히 1880년대에 들어서면서 동력 비행기에 대한 새로운 설계와 이론이 출현하였다.

1875년에 영국인 토마스 모이(Thomas William Moy, 1823~1910)가 설계, 제작한 공중 증기선은 비행 설계의 새로운 시

도였다. 그러나 이 시기에 가장 중요한 인물은 항공의 기초이론에 공헌한 프랑스인 알퐁스 페노(Alphonse Pénaud, 1850~1880)였다. 그는 날개의 등고선이나 공기 역학적인 원리에 관한 이론을 확립하여 모형 비행기와 헬리콥터에 적용하였다.

그는 1871년에 모형 비행기를 만들었다. 그것은 '프라노포(Planophore)'라는 모형 비행기인데 글라이더와는 완전히 다르며 근대적인 비행기의 표본이 되었다. 고무줄을 이용한 동력으로 프로펠러를 돌려서 생긴 추진력으로 비행하는 길이 50센티미터의 작은 모형 비행기였다. 이 모형 비행기는 11초 동안에 40미터의 거리를 비행했으며 비록 크기는 작았지만 항공 역사에 있어 의미는 아주 컸다. 프라노포는 세계 최초의 동력 모형 비행기였다. 그러니까 이 비행기는 고유 안전성을 가진 최초의 비행기였던 셈이다.

증기 기관의 발명을 계기로 시작된 산업혁명은 기계 기술의 급속한 진보를 가져왔으며 항공 기술의 발달에도 큰 기여를 하였다. 기구의 발명으로 하늘을 유유히 산보한 인류는 스스로의 힘으로 전진하는 비행선을 개발하여 비행 시대를 개막하였다. 19세기 후반에 들어서면서 다시 진일보하여 본격적인 고정익 비행기의 연구를 거듭해 많은 시행착오를 한 끝에 20세기 초에 이르러 동력 비행에 성공하였다.

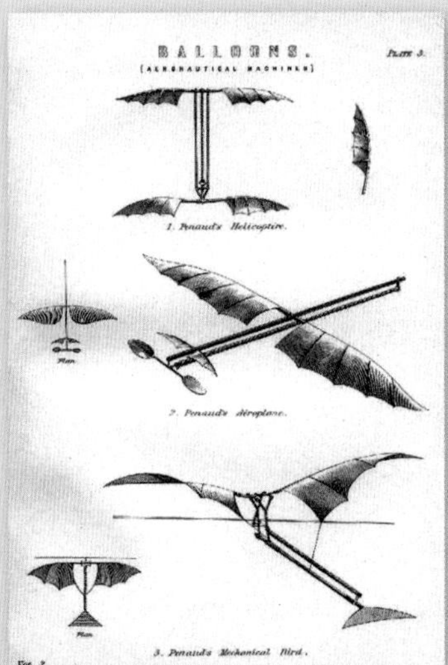

Wikipedia

알퐁스 페노의 모형 비행기 '프라노포'(가운데)

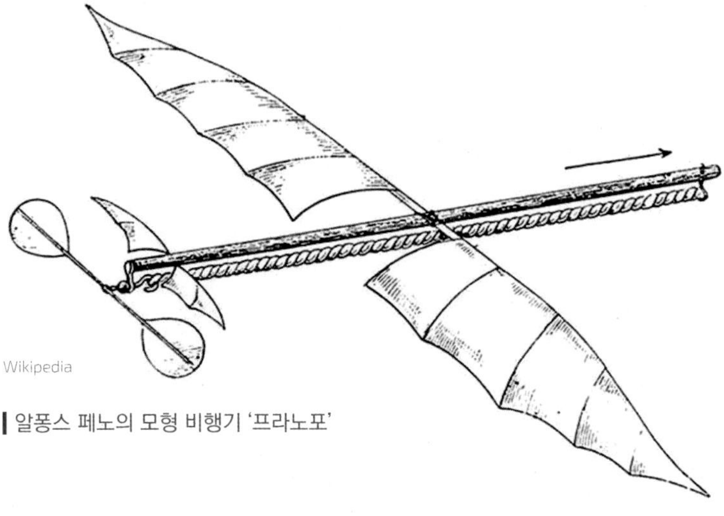

Wikipedia

알퐁스 페노의 모형 비행기 '프라노포'

항공용 엔진의 개발

추진 기관인 엔진은 독일의 오토(Nikolaus August Otto, 1832~1891)가 오늘날 오토(Otto) 엔진으로 널리 사용되는 4사이클의 가솔린 엔진을 1876년에 발명하였다. 더욱이 그 유명한 다임러 벤츠 자동차 회사를 창설한 다임러(Gottlieb Daimler, 1834~1900)는 1885년에 고속 회전의 자동차 발동기를 완성했다. 그때까지는 항공기용 엔진으로 외연식 증기 기관을 사용하였기 때문에 무거워서 적합치 않았으며 따라서 실용화될 수가 없었다. 그러나 19세기 말에 내연식의 가벼운 가솔린 엔진이 실용화되어 동력 비행기의 개발에 가장 어려운 문제였던 추진력이 해결됨으로써 동력 비행기의 개발에 박차를 가하는 계기가 되었다.

니콜라우스 오토
(독일, 1952년)

Wikipedia

오토의 4사이클 가솔린 엔진

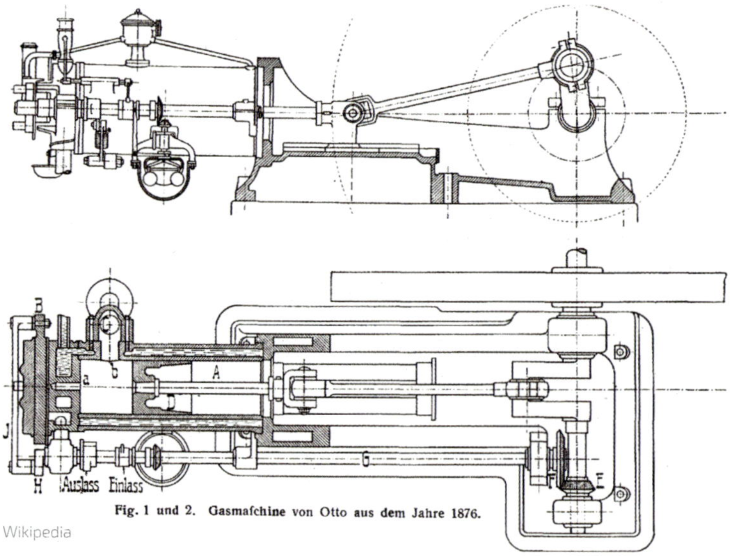

Fig. 1 und 2. Gasmafchine von Otto aus dem Jahre 1876.

Wikipedia

랭글리와 라이트 형제의 경쟁

과학에 근거를 두고 공기보다 무거운 동력 비행기계인 비행기에 도전한 것은 당시 미국의 스미스소니언 협회의 회장인 새뮤얼 P. 랭글리(Samuel P. Langley, 1834~1906) 교수와 자전거 제조업자인 라이트 형제였다. 랭글리는 1896년에 소형 증기 엔진을 장착한 폭 4미터, 길이 5미터 크기의 모형 비행기를 만들어 버지니아주 와이드워터의 포토맥강에 정박한 배의 지붕에 설치한 사출장치를 이용해 시속 40킬로미터 속도로 800미터가 넘는 거리를 비행하는 데 성공하였다. 그리하여 그는 이 모형기를 기초로 실험기인 '에어로드롬(Aerodrome)'이라는 비행기를 제작하여 1903년 10월 7일에 다시 한 번 포토맥강의 배에서 사출장치를 이용하여 실험 비행을 시도하였으나 이륙도 못한 채 실패에 그치고 말았다.

새뮤얼 랭글리와 동력 비행기 에어로드롬 (미국, 1988년)

Smithsonian Institution

랭글리의 에어로드롬이 이륙 직후 추락하고 있다.

1903년 12월 8일 랭글리는 다시 에어로드롬의 비행 실험에 도전하였으나 역시 실패하고 말았다. 이 광경을 보고 있던 보도 기관에서는 '비행기에 사람을 태워서 비행하는 것은 불가능하며 이러한 실험에 정부 예산을 사용하는 것은 세금의 낭비에 지나지 않는다' 라고 혹평을 하기에 이르렀다.

랭글리와 에어로드롬 5호
(시에라리온, 1986년)

Library of Congress

같은 시기, 라이트 형제는 종래의 각종 자료와 새가 하늘을 나는 원리를 관찰하는 한편, 상하좌우로 조종할 수 있고 안전성이 높은 비행기를 만들어 실험을 거듭했다. 그리고 1903년 12월 17일, 마침내 인류 최초로 동력 비행에 성공하였다. 그들이 완성한 비행기는 스스로 습득한 지식을 기초로 제작한 복엽식 글라이더에 손수 만든 출력 12마력의 수냉식 4기통의 가솔린 엔진과 프로펠러를 장착한 것이었다. 이는 달에 착륙한 인간의 업적에 버금가는 위대한 발명이라고 하겠다.

라이트 형제가 동력 비행기를 제작하기까지

월버 라이트
(콩고 공화국, 1993년)

오빌 라이트
(콩고 공화국, 1993년)

라이트 형제 가운데 형인 윌버(Wilbur Wright, 1867~1912)는 1867년 4월 16일에 인디애나 주의 밀빌에서 태어났으며, 생후 한달 만에 목사인 아버지 밀턴을 따라 오하이오주의 데이턴으로 옮겨 그곳에서 성장했다. 그리고 동생인 오빌(Orville Wright, 1871~1948)은 4년 뒤인 1871년 8월 19일에 데이턴에서 출생했다. 이들 형제가 날틀에 흥미를 느끼기 시작한 것은 윌버가 열한 살, 오빌이 일곱 살이던 1878년에 아버지 밀턴이 사다 준, 프랑스의 알퐁스 페노가 고안, 제작한 장난감 헬리콥터 모형 때문이다.

기계 완구와 자전거점을 경영하던 라이트 형제에게 직접적인 동기를 준 것은 릴리엔탈이 글라이더의 실험 비행에 성공한 것이었으며, 이에 자극을 받아 비행기의 연구에 착수하였다.

라이트 형제의 성공 비결은 키티호크에서 글라이더 실험을 하였다는 점이다. 그들이 구상한 글라이더를 비행시키기 위해서 필요한 시속 8킬로미터 이상의 바람이 부는 장소를 찾기 위하여 워싱턴에 있는 미국 기상국에 문의한 결과 매초 7~11미터의 정상풍(定常風)이 부는 키티호크를 추천받았다. 그곳을 비행 실험의 장소로 선택한 것이 동력 비행 실험에 성공하게 된 중요한 요인인 것이다.

Library of Congress

항공 역사에 있어서 비행의 성지(聖地)로 알려진 키티호크는 미국 동부의 노스캐롤라이나주 동북쪽에 있는 앨버말 사운드

라이트 형제의 글라이더 실험비행 키티호크 모래언덕(1902년)(토고, 1978년)

(Albemarle Sound) 강과 대서양 사이에 위치한 작은 어촌으로 폭 1.5킬로미터, 길이 8킬로미터의 모래섬이다. 이 섬에는 높이 25미터의 킬데빌 언덕(Kill Devil Hills)이 우뚝 서 있어 기후적으로나 위치적으로도 비행 실험을 하기에 적합한 장소이다. 지금은 본토와 섬 사이에 6킬로미터의 다리가 있는데 이것은 1930년에 가설된 것으로 라이트 형제가 비행 실험을 할 때에는 없었다. 따라서 그들은 데이턴 공장에서 만든 기체를 거의 1,000킬로미터(부산에서 신의주 거리) 떨어진 엘리자베스시까지 기차로 운반하고 거기서부터 80킬로미터 가량 떨어진 키티호크까지는 배로 운반하였다.

Library of Congress

1900 라이트 글라이더의 비행시험

라이트 형제의 첫번째 글라이더인 '1900 라이트 글라이더(1900 Wright Glider)'는 1900년에 완성되어 비행에 성공했다. 날개폭 5.2미터에 복엽으로 수평안정판이 없고 전방에 승강 역할을 하는 조종장치가 있었으나 방향타는 없었다. 그들이 처음으로 조종장치를 사용하였다는 것이 동력 비행에 성공한 또 하나의 비결로 평가된다. 승강타가 후방에 있는 것보다 전방에 있는 것이 실속(失速)의 위험이 없다는 것이 그들의 주장이었다. 글라이더의 선구자인 릴리엔탈도 이에 대한 정확한 지식이 없었기 때문에 생명을 잃었다. 주익이 양력을 잃고 추락한다는 개념은 당시의 지식으로는 이해하기 힘든 것이었다.

동력 비행기를 만든 라이트 형제의 작업장 (토고, 1978년)

1901년 제작된 두번째 글라이더(1901 Wright Glider)는 날개 면적이 27평방미터로 1호기의 거의 두 배가량 된다. 제2호기의 활공 실험을 통하여 날개의 영각(迎角)에 따라 풍압(風壓)의 중심이 이동하는데 그 성질의 변화를 설명한 릴리엔탈의 자료가 정확하지 못하다는 것을 발견하였다.

결국 이러한 의문을 해결하기 위하여 1901년 말에 처음으로 소형 풍동(風洞, wind tunnel)을 만들어 모형을 이용한 실험을 진행함으로써 날개 모양(익형)과 공력 특성의 관계를 파악하고 공기역학이나 비행 원리에 대한 지식을 습득할 수 있었으며 그 결과를 글라이더와 동력 비행기인 플라이어 1호에 반영하였다. 그의 풍동은 비록 간단하였지만 1908년에 독일의 공기역학의 창시자인 루드비히 프란틀(Ludwig Prandtl)이 만든 풍동에 결코 뒤지지 않은 훌륭한 것이었다.

날개의 종횡비가 공력 특성에 얼마나 중요한 영향을 주는가를 풍동 실험을 한 결과 알게 되었기 때문에 1902년 제작된 세번째 글라이더는 종횡비를 기존 라이트 글라이더의 두 배가 넘는 6.5로 크게 증가시켰다. 그래서 주날개폭이 9.6미터, 날개 면적은 28.3

평방미터가 되었다.

1902 라이트 글라이더의 가장 큰 특징은 처음으로 가동식 수직 미익을 사용하여 방향타의 역할을 하게 했다는 점이다. 키티호크에서 1,000번이 넘게 활공 실험을 하였으며 최대로 190미터까지 비행하였다. 16미터의 강풍에서도 안전하게 비행할 수 있었고 직선의 활동만 하는 것이 아니고 방향을 바꿀 수도 있었다. 그 결과 비행에서 가장 중요한 안전성과 조종성의 처리 방법을 발견하였으며 이러한 실험과 경험을 통하여 동력 비행에 대한 자신을 얻게 되었다.

라이트 형제의 최초의 동력비행 성공 90주년 기념 항공우표 (콩고 공화국, 1993년)

한편 동력 비행을 실현시키기 위해서 남은 과제는 가벼우면서 강력한 성능의 동력과 효율적인 프로펠러에 있었다. 라이트 형제의 계산에 의하면 동력 비행기는 총중량이 275킬로그램인데, 이것을 비행시키기 위해서는 8마력이 넘는 추력을 내면서 중량이 82킬로그램 이하인 엔진이 필요하였다. 라이트 형제는 엔진 제작사 몇 군데에 요청을 하였으나 요구사항을 충족하는 제품을 만들어 주겠다는 회사가 없었다. 결국 직원인 찰리 테일러와 함께 알루미늄제 엔진 블록과 연료 펌프 없이 중력에 의해 가솔린이 공급되는 카뷰레터 방식으로 구동되는 12마력의 4기통 수냉식 엔진을 직접 개발하였다.

Library of Congress

1902년 10월 10일 비행중인 1902 라이트 글라이더

그러나 엔진보다도 더 어려웠던 것은 프로펠러의 설계였다. 그 당시에 선박용 프로펠러에 관한 자료는 있었으나 항공용 프로펠러에 관한 참고 자료는 전혀 없었기 때문이다. 결국 직경 2.6미터짜리 수제 프로펠러 두 개를 자전거와 같은 방식을 써서 엔진과 기어 및 체인으로 연결해 좌우 반대로 회전하도록 하였다. 프로펠러 블레이드(날개)에도 공기역학적으로 설계한, 비행기 날개와 같은 에어포일(airfoil) 형상을 채택하였다. 이것이 라이트 형제가 성공하게 된 또 하나의 요인이다.

세번째 글라이더의 기체에 엔진과 프로펠러를 장착한 라이트 형제는 마침내 최초의 동력비행기 플라이어 1호(The Flyer I)를 완성하였다. 플라이어 1호는 날개의 폭이 12.3미터, 날개의 면적이 47평방미터, 전체 길이 6.4미터의 복엽기로서 총중량은 274킬로그램이었다. 전방에 복엽의 승강타가 있으며 이것을 줄로 연결하여 조종레버로 조작할 수 있었다.

후방에는 방향타의 역할을 하는 두 장의 날개가 있었다. 이것은 오늘날의 비행기에서 볼 수 있는 보조익과 동일한 역할을 하도록 고안되었으며 조종사의 오른쪽에 있는 버팀대(strut)로 작동해야 했는데, 선회 조타도 겸하고 있어서 조작하기가 아주 어렵다는 결점이 있었다. 즉 다리를 전혀 사용하지 않고 왼손으로는 조종레버를 움직여서 상승과 하강을 조종하여야 했기 때문에 여간 익숙하지 않고는 조종하기가 어려웠다. 두 손과 두 다리를 사용하는 선회 방법은 1908년 루이 블레리오(Louis Blériot, 1872~1936)가 처음으로 사용하였으며 에일러론(aileron)이라는 보조익이 처음 쓰인 비행기는 1909년 앙리 파르망(Henri Farman, 1874~1958)의 파르망(Farman) III 였다.

라이트 동력비행기
(서사하라, 1993년)

최초의 동력비행 성공

1903년 12월 14일 라이트 형제는 연안지역을 지키는 정부기관인 미 연방 구조대(United States Life-saving Service) 소속 직원들의 도움을 받아 비행 실험을 시도하였다. 하지만 이 시도는 실패하고 말았다. 나무로 만든 길이 18미터의 레일 위를 활주, 상승하는 순간에 당황한 윌버가 조종레버를 너무 급격히 위로 잡아당기는 바람에 실속(stall) 상태에 빠졌기 때문이었다. 비행기는 3.5초 동안 32미터를 비행한 후 추락하였다.

Library of Congress

1903년 12월 14일, 노스캐롤라이나 주 빅 킬 데빌 힐에서
발사 트랙에 있는 라이트 플라이어

최초의 동력 비행기 플라이어 1호
(세이셸, 1976년)

기체를 수리한 이들 형제는 3일 뒤, 랭글리의 비행 실험이 실패한 9일 뒤인 12월 17일 오전 10시 35분에 찬바람이 부는 키티호크의 킬데빌(Kill Devil) 언덕에서 재도전에 나섰다. 그리고 오빌이 조종한 플라이어 1호(Flyer I)는 이륙에 성공하여 13피트의 고도로 12초 동안 120피트의 거리를 비행하였다. 이것은 인간을 태운 공기보다 무거운 비행 기계가 스스로의 힘으로 이륙하여 동일한 속도로 평행 비행을 한 다음에 이륙 지점과 동일한 고도의 지점에 착륙한 역사상 최초의 비행이었다. 이때 윌버는 36세, 오빌은 32세였다.

최초의 동력비행 성공
(토고, 1978년)

당시 비행장면을 지켜 본 구조대(Life-saving Service) 소속 직원 가운데 한 사람이 이 역사적인 순간을 촬영하였다. 기체가 한쪽으로 기우는 것을 염려한 윌버가 오른편 날개 쪽에서 기체와 함께 달리고 있는 모습을 촬영한 것이다. 이것이 인류가 동력 비행에 성공한 사실을 증명하는 증거가 되었다. 그날 정오까지 이들 형제는 교대로 4번의 비행을 하였다. 첫번째 비행을 조종한 오빌에 이어 두번째는 형인 윌버가 교대로 조종하면서 비행 기록을

NASA

인류 최초의 동력비행

라이트 플라이어 A형
(토고, 1978년)

갱신해 나갔다. 두번째의 비행 거리는 175피트, 세번째는 200피트, 네번째 비행에서는 59초 동안 852피트를 비행하였다.

그러나 라이트 형제가 이룬 쾌거는 역사적인 대사건이었는데도 보도 기관으로부터도 무시당한 채 세상의 무관심 속에 묻혔다. 동력 비행에 성공함으로써 미국이 최초로 하늘을 정복한 사실의 중요성을 미국 정부나 미국인들이 인식하기까지는 몇 년이 걸렸다. 플라이어 3호가 39분 23초 동안 24.2마일을 비행한 1905년 10월까지도 미국 국방성은 라이트 형제의 비행기 구매 요청을 기각할 정도였다.

그 뒤 형 윌버는 프랑스로 건너가서 1908년 12월에 35마력의 엔진을 장착한 라이트 복엽기로 비행시간 2시간 20분에 비행 거리 124.7킬로미터의 기록을 세웠다. 이후에도 라이트 복엽기는 1909년에 시속 54.8킬로미터의 속도 기록과 고도 300미터의 고도 기록을 세웠으며, 1910년에는 4,000피트의 고도에서 비행하는 등 항공 역사상 라이트 형제의 전성기가 한동안 계속되었다.

라이트 형제가 궁극적으로 동력 비행에 성공할 수 있었던 비결은 무엇보다도 과학적인 방법을 통한 공기역학의 원리를 잘 이용하였다는 점, 그리고 우수한 엔진의 설계와 효율이 아주 높은 프로

펠러의 고안과 양력을 크게 높일 수 있는 날개의 제작에 있었다.

라이트 형제가 글라이더의 실험을 하였던 킬데빌 언덕 위에는 라이트 형제 기념비가 세워져 있으며 최초의 동력 비행을 하였던 평지는 국립 라이트 기념공원으로 지정하여 라이트 형제의 공적을 기리고 있다. 역사적인 플라이어 1호기는 현재 워싱턴에 있는 스미소니언 국립항공우주박물관에 보존되어 있다.

라이트 형제의 최초의 동력 비행이 시작된 이래 오늘날에 이르기까지 120년가량 되었지만 그 동안 항공기의 발달은 하늘을 무대로 한 모험과 전쟁 그리고 여객 수송에 얽힌 새로운 것에 대한 도전과 희비애환의 역사였으며 속도의 발달사였다. 그 짧은 동안에 수많은 명기(名機)가 탄생하였고 또한 사라져 갔다.

라이트 형제와 플라이어 1호
최초의 동력 비행 성공
75주년 기념 항공우표
(르완다, 1978년)

Library of Congress

1905년 10월 4일 오하이오 주 데이튼 근처의
허프만 대초원을 통과하는 플라이어

06

항공 르네상스 시대

라이트 형제가 1903년에 처음으로 동력 비행에 성공한 뒤부터 제1차 세계대전이 발발하기 전까지의 11년은 근대 기계 문명의 성장기로서 인간의 관심이 과학 기술의 개발에 집중되었던 시기였을 뿐만 아니라 세계 항공계도 '항공 르네상스 시대'라고 불릴 정도로 다각적으로 놀랍도록 발전한 시기였다.

The Library of Congress

산토스 뒤몽의 항공기 14-비스

06 항공 르네상스 시대

산토스 뒤몽과 비행선.
동력비행기 (프랑스, 1973년)

라이트 형제 이후 제1차 세계대전 이전까지

비교적 짧았던 이 기간 동안에 100여 종에 가까운 실용기가 개발되었으며 비록 실패로 끝났지만 기상천외의 진기한 비행기들이 구상되기도 하였다. 그뿐만 아니라 비행 시간, 고도, 비행 거리 같은 부문에서 기록 갱신을 위한 각축전이 전개되었고 각종 상금이 걸린 비행대회가 열려 비행기의 진보를 촉진하였다.

그러나 이 시기에는 어디까지나 하늘을 나는 화려한 모험이나 개인적인 취미 차원의 경쟁이 중심일 뿐이었다. 그 뒤 이미 수송을 목적으로 사용하고 있던 비행선의 영향을 받아 비행기도 점차로 교통수단이나 군사적인 목적으로 실용화되기 시작하였다.

라이트 형제의 성공은 유럽 여러 나라의 항공가들을 놀라게 하였으며 큰 자극을 주었다. 그 가운데에서도 크게 자존심이 상한 것은 프랑스였다. 항공기 역사상 1891년에 독일의 릴리엔탈이

최초로 글라이더 비행에 성공한 것을 제외하고는 1783년의 몽골피에 기구를 이용한 유인비행을 비롯하여 1797년의 낙하산을 이용한 공중 강하, 1852년의 최초의 비행선 발명에서 볼 수 있듯이 인간이 하늘을 비행한 모든 공적을 프랑스가 독점하여 온 것을 생각해보면 프랑스의 입장을 충분히 이해할 수 있다.

사실 동력 비행에 있어서 프랑스는 이미 클레망 아데르(Clément Ader, 1841~1925)가 1890년 10월 9일에는 증기 기관 비행기인 에올(Éole)을, 1897년에는 아비용(Avion)을 발명하였다. 비록 비행에는 실패하였지만 이륙은 성공하였기 때문에 최초의 동력 비행도 프랑스에서 성공하였다고 자부하고 있었다. 실제 아데르가 사용한 것은 20마력의 증기기관으로서 무게도 51킬로그램에 불과하여 첫 비행 성공의 영예를 얻을 수 있는 가능성은 충분히 있었다.

Public Domain

프랑스 발명가 클레망 아데르

클레망 아데르가 발명한 아비용(위)과 에올(아래)

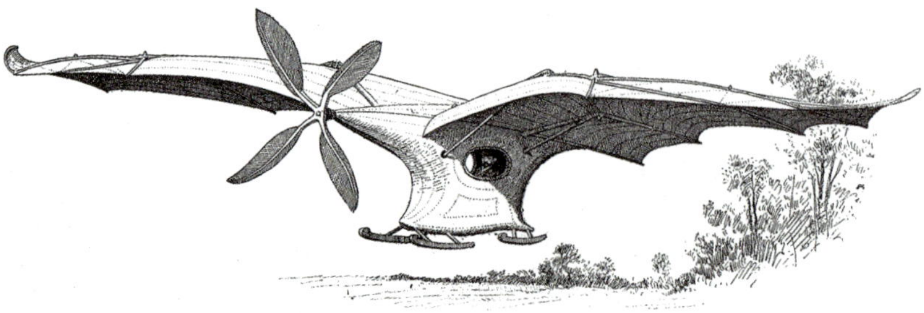

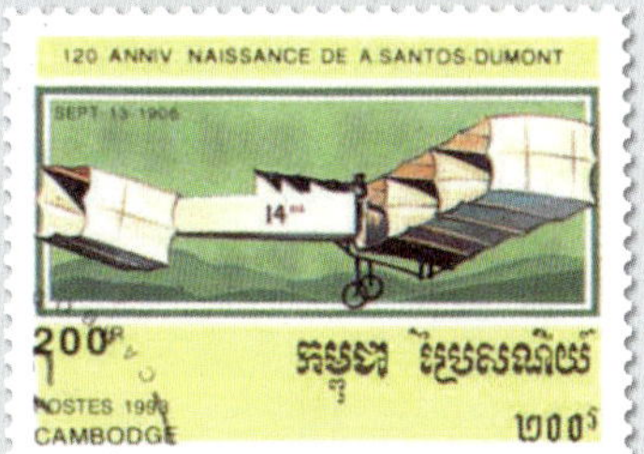

산토스 뒤몽의 14-비스 복엽기
(캄보디아, 1993년)

그러나 이러한 프랑스의 자존심과는 상관없이 실제로 이 당시의 항공계를 석권한 것은 라이트 형제였다. 이것은 공기역학과 기계공학적인 설계자로서는 라이트 형제를 능가할 만한 인물이 당시에는 없었음을 의미한다. 그러나 라이트 형제의 시대는 불과 8년밖에 지속되지 못하고 1911년에 끝났다. 가장 큰 원인은 라이트식 비행기는 인간 공학을 무시한 조종장치였으므로 그들 형제가 아니면 조종할 수 없다는 결점 때문이었다.

이러한 가운데 유럽 최초의 동력 비행에 성공한 사람은 파리에 사는 브라질 사람 산토스 뒤몽이었다. 그는 1906년 10월 13일에 '맹금(Oiseau de Proie)'이라는 별명이 붙은 상자식 복엽기 '14-비스(bis)'를 이용해 비행에 성공하는데, 이 비행기는 원래 그의 14호 비행선에 매달아 발진하도록 설계한 비행기였다. 개량을 거듭해 유럽지역 최초로 '공기보다 무거운 비행'에 성공한 이 비행기는 총 21초 동안 220미터를 비행하여 당대 최고의 기록을 세웠으나 라이트 형제의 첫 비행 때의 비행 시간인 59초에는 절반도 미치지 못하였다.

Wikipedia

브라질 비행가 산토스 뒤몽

실제로 라이트 형제에 버금가는 유럽에서의 비행 실력자는 프랑스의 가브리엘(Gabriel Voisin, 1880~1973)과 샤를 부아쟁(Charles Voisin, 1882~1912) 형제였다. 유럽 최초로 독자적인 비행 기술을 확립한 그들은 1899년 라이트 형제보다 1년 먼저 글라이더 실험에 성공하였으나 라이트 형제보다 4년, 뒤몽보다는 1년 늦은 1907년 1월 5일에야 500미터를 비행하며 동력비행에 성공하였다.

Wikipedia

프랑스 항공기 제작자 부아쟁 형제

파르망과 복엽기 파르망 III
(몽골, 1978년)

Wikipedia

이와 같이 산토스 뒤몽이 불을 붙인 비행의 열기는 유럽 각국에 급속도로 확산되어 갔다. 부아쟁 형제, 루이 블레리오, 앙리 파르망, 레옹 레바바세르(Léon Levavasseur, 1863~1922) 같은 사람들이 설계한 각종 비행기들이 계속 출현하였으며 이 밖에도 많은 비행기가 제안되고 개발되어 불과 몇 년 사이에 유럽의 비행 실력이 미국보다 앞서고 있음을 증명하였다. 이 점에서 유럽 특히 프랑스가 최초의 동력 비행의 영광을 미국에 빼앗겼다는 것은 항공기 역사상 참으로 애석한 일로 평가되고 있다.

역사에 길이 남을 랭스 비행대회

Wikipedia

❙ 랭스 비행대회 포스터

프랑스는 라이트 형제로 인하여 땅에 떨어졌던 명예를 회복하고 프랑스의 비행 실력을 과시하기 위하여 1909년 8월 22일부터 29일까지의 8일 동안 세계 최초의 국제비행대회를 개최하였다. 이것이 항공기 역사에 길이 남은 '샹파뉴 항공 주간(Grande Semaine d'Aviation de la Champagne)'으로 파리의 동북쪽에 위치한 샹파뉴 지방의 랭스(Reims)에서 개최되어 '랭스 비행대회'로 유명해졌다. 이 대회는 라이트 형제가 첫 비행에 성공한 뒤 6년 동안의 동력 비행을 총결산하기 위한 대회였으며 비행기록을 세계적으로 공인하는 첫 대회였다.

이 대회에 참가한 비행기는 모두 총 38대였으나 실제로 비행에 성공한 것은 9개 기종의 23대였다. 전시된 비행기 가운데 복엽기(複葉機)는 라이트 A(Wright Model A, 1908년형), 부아쟁(Voisin), 파르망 III(Farman III), 그리고 미국의 커티스가 제작한 골든 플라이어(Golden Flyer)가 있었고, 단엽기(單葉機)는 블레리오 12, 그리고 레옹 레바바세르가 제작한 앙투아네트(Antoinette) 7이 대표적이었다. 이 대회에서 블레리오가 최대 속도 시속 76.9킬로

National Air and Space Museum

❙ 1909년 개최된 랭스 비행대회

미터, 파르망이 최대 항속 거리 180킬로미터에 최대 체공 시간 3시간 4분 50초, 라탕이 조종한 앙투아네트 7이 최고 고도 155미터의 세계 공인 기록을 수립하였다.

그 밖에도 1909년 랭스 비행대회에서 시작되어 1920년까지 시상한 '고든 베넷 트로피(Gordon Bennett Trophy)', 비행 거리 기록 경기로서 1908년부터 1935년까지 시상한 '국제 미슐랭 컵(International Michelin Cup)', 1913년부터 1931년까지 수상기를 대상으로 시상한 '슈나이더 트로피(Schneider Trophy)' 등, 비행 대회가 유럽의 각 지역에서 열렸다.

제1차 세계대전 이전의 대표적인 비행기

랭스 비행대회를 계기로 항공기에 대한 관심이 급속히 높아지면서 비행기의 실용화가 세계 여러 나라에 의해 구체화되었으며 군용기와 민간기에 관한 열성도 대단하였다.

산토스 뒤몽의 14-비스 복엽기 (브라질, 1956년)

당시 항공기 제작 회사로는 영국의 아브로(Avro), 브리스톨(Bristol), 핸들리 페이지(Handley Page), 쇼트(Short), 프랑스의 블레리오(Bleriot), 파르망(Farman), 부아쟁(Voisin), 뉴포르(Nieuport), 미국의 라이트(Wright), 커티스(Curtiss) 같은 제작 회사가 있었다. 이들이 제작한 항공기는 대부분이 목제 골격에 직포를 씌워 버팀줄로 보강한 구조이고, 엔진은 공냉식과 수냉식이 사용되어 엔진 본체가 프로펠러와 연결되어 회전하는 방법이 주류를 이루었다.

이 시기에 개발된 많은 비행기 가운데에서 세계 최초의 양산(量産) 비행기인 부아쟁-파르망(Voisin-Farman), 가장 우아하고 아름다운 비행기인 마리 앙투아네트 단엽기, 명기(名機) 중의 명기인

블레리오 11형 단엽기, 수상 비행기의 시조인 커티스 수상기, 경이적인 고속기로서 명성을 떨친 드페르뒤생 레이서(Deperdussin Racer), 대형 항공기의 선구인 시코르스키의 그랜드, 제1차 세계대전 중에 정찰기로 사용된 에트리히 타우베(Etrich Taube), 세계적인 연습기인 아브로 복엽기 같은 것이 항공기 역사상 명기로 꼽힌다.

부아쟁-파르망
(우르과이, 1974년)

● 부아쟁-파르망(Voisin-Farman)

부아쟁의 항공기는 라이트 형제나 뒤몽의 영향을 받지 않고 독자적인 설계로 제작한 동력 비행기로서 1907년 3월 30일에 6초 동안 60미터를 비행하였다. 최초의 부아쟁 항공기는 전방에 승강타, 후방에 큰 수평 안정판과 수직 안정판을 가졌으며 라이트기와는 달리 안정성에서 우수한 비행기였다. 그러나 횡 방향의 조종 능력이 없다는 결점이 있었다.

뒷날 설계자로 명성을 떨치게 되는 앙리 파르망이 부아쟁 형제와 합작해 만든 부아쟁-파르망(훗날 파르망 1로 더 널리 알려짐)에 이르러 성능이 급속하게 향상되었으며, 파르망은 1908년 1월 13일에 이 비행기를 조종하여 1킬로미터 가량의 일주(closed-circuit) 비행에 처음으로 성공하였다. 그 뒤에 몇 번의 개량을 통해서 개발된 부아쟁 항공기는 1909년에 20대를 주문받으면서 최초의 양산 항공기로서 역사에 이름을 남기게 되었다.

Wikipedia

부아쟁-파르망(파르망 1)

● 마리 앙투아네트 단엽기

초기의 많은 명기 가운데에서도 가장 아름다운 비행기로 평가받았던 이 단엽기는 초기의 유럽 항공계의 발달에 공헌한 앙투아네트 엔진과 단엽기를 설계한 레옹 레바바세르(Leon Levavasseur)의 작품이다. 1908년 2월에 완성한 앙투아네트 2(Antoinette II)는 네 번의 비행 시험 후에 최장 거리 150미터까지 비행한 기록을 가지고 있으며 단엽기로서는 처음으로 완전한 원을 그리는 비행에 성공하였다.

산토스 뒤몽의 14-비스
(브라질, 1933년)

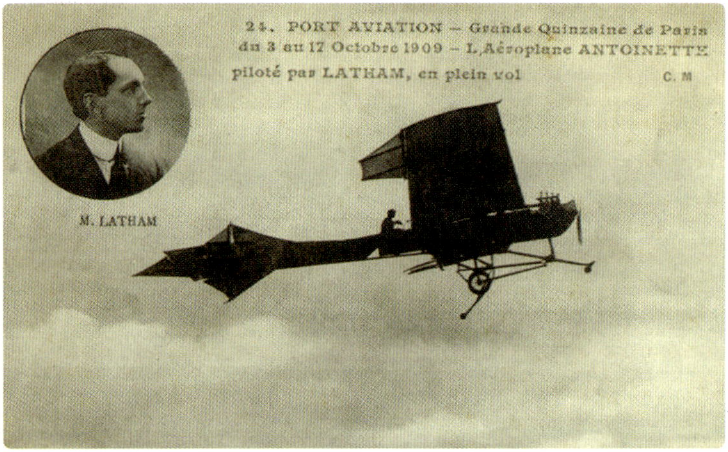

Wikipedia

앙투아네트 IV

특히 날개 끝에 붙인 3각형의 보조익이 큰 효과를 발휘하였는데, 날개 끝에 보조익을 실용화한 것으로는 처음이었다. 그의 비행기 앙투아네트 7(Antoinette VII)은 영불해협 횡단 비행에 도전하였다가 엔진 고장으로 해상에 착수하여 그 영광을 블레리오에게 빼앗겼지만 1개월 뒤에 개최된 랭스 비행대회에서는 2시간 17분 21초 동안에 154.6킬로미터를 비행함으로써 세계 기록을 수립하였다. 기술의 결정판이라 할 수 있는 앙투아네트 7은 기술적으로 근대 비행기에 가까운 많은 특징을 가지고 있는데 삼각형의 동체를 한 섬세한 미기(美機)였다.

● 블레리오 단엽기

항공기 제작자 루이 블레리오

RAF Museum

근대 비행기의 원형을 이루기 시작한 최초의 비행기는 1907년에 프랑스의 루이 블레리오(Louis Bleriot)가 만든 단엽식 비행기이다. 블레리오식 비행기의 특색은 목제 골조의 동체 위에 두꺼운 천이나 합판을 입힌 것이었다. 공기의 저항을 줄이기 위해서 꼬리 부분을 가는 유선형으로 하였으며 그 속에 엔진, 연료탱크, 조종석이 있었다. 동체의 앞쪽에 프로펠러가 있어 견인하는 방식의 비행기인데 주익의 뒷쪽에 프로펠러가 있는 추진식의 라이트형제의 비행기와는 전혀 다른 형으로서 비행기의 성능이나 실용면에서 획기적인 것이었다. 라이트기는 안정성보다 조종성에 중점을 두었으나 수평 미익과 수직 미익을 가진 블레리오 단엽기는 안정성에 중점을 두었다. 스스로의 동력으로 지상을 이륙하여 전방좌우로 자유롭게 날아다니고 다시 안전하게 지상으로 돌아올 수 있는 최초의 비행기였다.

루이 블레리오와 11형 단엽기
(다호메이, 현 베냉, 연도 미상)

특히 블레리오 11형 단엽기는 참으로 우수한 비행기였다. 기체를 아주 소형화하여 날개 면적이 라이트기나 브아쟁기의 3분의 1에 불과한 14평방미터였으며 무게도 200킬로그램으로 경량화

블레리오 11형

Wikipedia

한 비행기였다. 이러한 획기적인 소형화와 경량화가 성능과 조종 등 기능에서 당시의 복엽기를 능가하는 결과를 가져왔다. 그리하여 당시 화려한 비행 기록은 거의 전부 블레리오 11형이 차지할 정도였다. 블레리오 단엽기는 그 뒤에 좀더 큰 엔진을 사용하여 1910년대에 속도, 고도, 항속 거리 부문에서 비행 신기록을 수립하였다. 또 1911년에는 100마력의 엔진을 장착하여 시속 111 킬로미터라는 당시의 속도로서는 최고의 기록을 수립하였으며 1913년에는 160마력의 엔진을 사용하여 비행 고도 5,880미터의 세계 기록을 수립하였다. 최초로 영불 해협과 알프스 횡단 비행을 한 것도 이 비행기였다.

블레리오 시리즈 비행기는 그 뒤에도 계속적인 개량과 성능 향상을 하였으며 제1차 세계대전 이전에 이미 40여 종에 달하는 블레리오 시리즈 비행기가 800대나 제조되었다. 당시 블레리오 단엽기가 많이 생산되었기 때문에 오늘날에도 각지에서 쉽게 볼 수 있으며 해협 횡단에 사용되었던 블레리오 11형은 현재 파리의 국립과학박물관에 전시되고 있다.

● 커티스 수상기

초기 항공계의 선각자들은 수많은 고난을 극복하면서 미지의 분야를 개척해 나갔다. 이 가운데 대표적인 것이 육상기(陸上機)에 이어 개발된 수상기(水上機)였다. 수상기는 기체에 플로트(float)를 장착하는데 그만큼 중량이나 공기저항이 증가하기 때문에 그렇지 않아도 추진력이 부족했던 당시로서는 물 위에서 이착수(離着水)한다는 것에 사실상 어려움이 많았다. 프랑스의 앙리 파브르(Henri Fabre)는 자기가 플로트를 붙여 만든 비행기인 '이드라비옹(Hydravion)'으로 1910년 3월 28일 마르세이유 근처의 호수에서 이수(離水)하였는데 이것이 세계 최초의 수상기였다.

커티스 복엽기
(산마리노, 1962년)

1910년 11월 14일 USS 버밍엄에서 이륙 테스트 중인 커티스 복엽기

그 뒤 미국인 커티스(G. H. Curtiss, 1878~1930)의 수상기가 1911년 1월 26일에 처음으로 물 위에서 뜨고 내리는 데 성공하였다. 날개 모양의 플로트를 장착한 이 복엽 수상기는 1911년 7월에 미국 해군의 군용기로 채택되었으며 계속해서 거대한 수송력을 가진 초대형 비행정으로 발전하였다. 1912년 1월 18일에는 순양함 펜실바니아호의 함상(艦上) 이착륙에 성공하고, 이어서 1912년 2월 23일 바퀴 3개로 이루어진 접이식 착륙장치를 장착하고 세계 최초의 수륙 양용기 시험 비행에 성공하였다.

정찰기 에트리히 타우베

독일 정찰기 에트리히 타우베

오스트리아의 항공 선각자인 이고 에트리히(Igo Etrich, 1879~1967)는 자바 오이의 씨앗이 공중에서 안전하게 낙하하는 모습을 관찰하여 에트리히 타우베(Etrich Taube)를 설계하였다. 1910년에 완성된 단발의 단엽기로서 꼬리날개가 없는 것이 특징인 이 비행기는 제1차 세계대전 중에 정찰기로 결정적인 활약을 했으며 특히 1914년 8월, 러시아군과 독일군 사이에 벌어진 타넨베르크 전투에서 크게 전공을 쌓았다.

고속기 드페르뒤생 레이서

드페르뒤생 레이서(Deperdussin Racer)는 1913년 9월 29일 랭스 비행대회의 일부로 개최된 고든 베넷 트로피 경주에서 시속 200.4킬로미터라는 경이적인 속도로 기록을 수립하였다. 이

뿐만 아니라 1912년의 시카고에서 개최된 고든 베넷배 경기는 물론 1913년 모나코에서 개최된 슈나이더 경기에서도 우승한 기록을 갖고 있는 고속기로서의 명기였다. 루이 베슈로(Louise Béchereau, 1880~1970)가 설계한 이 비행기는 마력하중이 4.25킬로그램/PS(Pferdestarke), 익면하중이 제곱미터당 73킬로그램으로 익면하중을 높인 것이 고속을 낼 수 있는 비밀이었으며, 원형(圓形)의 동체를 처음으로 사용한 것이 특징으로 근대 비행기 동체의 시초가 되었다.

드페르뒤생 모노코크(1913년)

● 거인기 시코르스키 그랜드

'그랜드(Grand)'라는 별명으로 서구에 알려진 러시아의 S-21 항공기는 훗날 '헬리콥터의 제왕'으로 불리게 되는 이고르 시코르스키(Igor Sikorski)가 설계했다. 1911년 개발을 시작해 1913년 첫 비행에 성공했으며, 최대 7명의 승객을 태울 수 있는 거인기였다. 이 비행기는 익폭 28미터, 총 중량 4,100킬로그램의 거인기로서 100마력의 엔진 4개를 장비한 시속 88킬로미터의 대형 프로펠러기였다. 1911년 영국의 쇼트 형제가 쌍발기를, 1914년에 이탈리아의 카프로니(Caproni)가 3발기 'Ca.1'을 개발했으나 4발기는 그랜드호가 최초였다. 1913년 4월에 완성하여 같은 해 8월 2일에 8명이 탑승하여 1시간 54분을 비행했는데 당시 비행 기술면에서나 구조역학과 재료면에서 크게 진보하지 못했던 제1차 세계대전 이전에 개발했다는 점에서 높이 평가되고 있다.

항공기 제작자 이고르 시코르스키

시코르스키가 제작한 세계 최초의 4엔진 항공기 그랜드호(Le Grand).

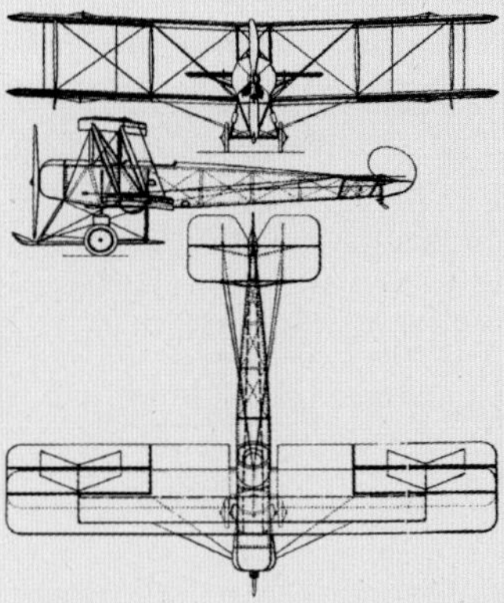

| 영국 아브로가 개발한 504 복엽기

● 연습기 아브로 504

영국의 항공기 제작회사 아브로(Avro)가 1913년에 1호기를 완성한 이래 9,000대가 넘게 생산한 연습기 가운데 가장 유명한 것이 아브로 504 복엽기이다. 비행기의 특징은 정비와 조정이 쉽고 수명이 길다는 점이다. 전쟁 중에는 정찰기로서뿐만 아니라 폭격기로도 맹활약을 하였던 항공기 역사상 유명한 비행기로서 전쟁 중에만 해도 8,000대가 넘게 제작되었다. 전쟁이 끝난 후에도 영국 공군에만 3,000대 가량이 남아 있었을 정도였는데 제1차 세계대전 이후에도 널리 사용되었다.

시행착오로 끝난 진귀한 비행기

제1차 세계대전이 발발하기 전까지 많은 비행기가 개발되었지만 대부분이 시행 착오나 실패로 끝나고 말았다.

이들 실패작 가운데 몇 가지 진귀한 비행기를 보면, 프랑스의 에퀴비 후작(Marquis d'Equevilly)이 1908년에 비행 이론을 무시하고 만든 기묘한 원형 구조의 비행기, 영국의 육군 장교였던 존 윌리암 던(John William Dunne)이 1910년에 비행기 고유의 안전성에 중점을 두고 꼬리 날개가 없이 제작한 무미익기인 D.5, 1904년에 영국인 호레이쇼 필립스가 제작한 다엽기인 필립스 1호, 1910년에 영국의 애클스(Accles)와 폴락(Pollock)이 설계하고 제작한 복잡한 강관 구조의 비행기 세던 메이플라이(Seddon Mayfly) 같은 것이 대표적이다.

| 다엽기 필립스 1호

복엽기 단엽기의 경쟁

라이트기나 부아쟁기와 같은 초기의 비행기는 복엽기가 주류를 이루었으나 점차로 단엽기가 개발되기 시작하였다. 대표적인 것이 블레리오식 단엽기이다. 물론 블레리오도 처음부터 단엽기가 우수하다는 신념이 있었던 것은 아니었다. 그도 복엽기를 제작하다 1907년에 제작한 블레리오 5형부터 단엽으로 전환했으나 성공하지 못하고 1909년의 11형에 이르러서 비로소 단엽기를 개발하는 데 성공하였다. 그 뒤 프랑스나 독일에서는 단엽기가, 영국에서는 복엽기가 더 우세하였다. 영국의 경우 1906년에 제작된 아브로(Avro)기가 영국 최초의 복엽기로서 육군에 채용되었으며 나중에는 연습기로 사용되었다.

블레리오 XI형 단엽기
(산마리노, 1962년)

비행기는 가볍게 만드는 것이 중요함에도 불구하고 이러한 복엽기의 전성시대는 생각보다 오래 지속되었다. 주익이 한 장인 단엽기는 고속기로서 특히 익면적이 작아 익면하중이 크기 때문에 착륙 속도와 착륙 조작이 어려운 결점이 있었으며, 따라서 사고도 비교적 많았다. 영국에서는 단엽기가 빠르나 구조적으로 위험하다는 이유로 군용기로 복엽기를 사용하였으며 한때는 단엽기의 제조를 금지하기까지 하였다. 제1차 세계대전 때는 물론이고 그 이후에도 민간기이든 군용기이든 실용화된 비행기는 대부분이 복엽기로서, 속도의 향상보다 안전제일에 중점을 두었음을 알 수 있다.

BAEsystems

1913년 영국 아브로가 개발한 아브로 504 시제기

도버해협, 알프스, 미 대륙의 횡단 비행

북대서양 연안 일대 나라들의 비행열(熱)이 높아짐에 따라, 영국의 데일리 메일(Daily Mail, 1896년 창간) 신문사는 현상금을 걸고 영불해협 횡단 비행 대회를 개최하였다. 당시 프랑스의 유명한 비행가인 블레리오는 자신이 설계하고 제작한 블레리오 11형 단엽기로 1909년 7월에 처음으로 영불 해협 횡단에 성공하였다. 25마력짜리 엔진을 장비한 비행기를 타고 칼레로부터 도버까지의 38킬로미터를 고도 100미터, 37분의 비행으로 횡단하여 1만 파운드의 상금을 받았다.

루이 블레리오와 동력비행기 '라 망슈'(헝가리, 1978년)

비행 시간은 짧았지만 비행기를 교통수단으로 이용할 수 있음을 암시하였을 뿐만 아니라 놀라운 전쟁 무기로서 국방상 중요한 역할을 하게 될 것이라는 인식을 가지도록 하였다는 점에 큰 의의가 있었다. 이에 따라 영국은 갑자기 군사 항공에 많은 힘을 기울였고 이에 대항하여 프랑스도 항공 부대를 창설하였다. 블레리오는 이 성공으로 일약 비행가로서 영웅이 되었을 뿐만 아니라 그의 비행기 블레리오 11 형은 세계적인 명기가 되어 각지로부터 많은 주문이 쇄도함으로써 항공기 역사상 대량 생산을 한 첫 비행기가 되었다.

ICAO

1910년 9월 23일 페루 태생 차베스의 알프스 횡단비행

영불 해협의 횡단에 이은 항공기 역사상 중요한 비행으로서는 알프스와 미국 대륙의 횡단 비행이 있다. 페루 태생으로 당시 제오 차베스(Géo Chávez)라는 이름으로 널리 알려졌던 호르헤 차베스 다르트넬(Jorge Antonio Chávez Dartnell)은 블레리오의 영불 해협의 횡단 비행에 자극을 받아 블레리오 단엽기로 1910년 9월 23일에 알프스를 횡단하였으나 착륙 직전에 추락하였다. 하지만 일단 알프스를 횡단하였다는 점에서 비행기의 실용화에 더욱 박차를 가하는 촉진제가 되었다. 또한 로저스는 1911년

에 라이트 복엽기를 이용하여 9월 15일부터 11월 5일까지 49일 동안 총 86회의 중간 기착과 82시간의 비행으로 뉴욕과 롱비치 간의 6,440킬로미터의 미국 대륙을 횡단하는 기록을 세웠다. 그리고 1911년에 프랑스인 프리에(Pierre Prier)가 블레리오 단엽기를 이용하여 최초로 런던과 파리 간의 무착륙 비행에 성공하였다.

NASM

칼 로저스의 미대륙 횡단비행

그밖에도 프랑스인 롤랑 가로스(Roland Garros)가 곡예 비행을 목적으로 제작한 비행기에 탑승하고 세계 최초의 루프 비행을 선보였는데 이것은 비행기를 자유자재로 조종할 수 있음을 실증한 주목할 만한 실적이었다.

원래 비행기는 하늘을 날고 싶어 했던 인간의 오랜 꿈이 실현된 것이므로 처음부터 사회적인 요구가 있어서 시작된 기차나 자동차나 선박과는 그 탄생의 유래 자체가 근본적으로 다르다. 비행기는 인류 공동의 하늘에 대한 동경을 실현하기 위한 모험가들의 개인적인 오락이나 스포츠에 불과했으며 이것은 생활이나 사회 요구와는 무관하였다. 그러나 비행기의 성능이 향상되면서 근대 비행기의 원형으로 변화해 갔으며 이미 수송 목적으로 화려하게 활약하고 있던 비행선의 영향을 받아 비행기도 실용화되기 시작하였다.

러시아의 초기 비행기
(구 소련, 1974년)

그리하여 제1차 세계대전을 계기로 비행기의 설계, 제작과 조종, 운용이 완전히 분리되었다. 비행기의 조종은 충분한 훈련을 받은 전문가가 담당하게 되었으며 비행기를 타는 것이 직업화되었다. 그리고 비행기의 운용은 군이나 민간의 항공 수송 회사가 담당하였다.

07

전쟁이 발달시킨 항공기술

역사상 처음으로 비행기가 전쟁에 등장한 것은 1911년에 발생한 멕시코 혁명에서였다. 그리고 같은 해에 일어났던 이탈리아와 터키(튀르키예)의 전쟁, 1912년 발칸 전쟁, 1914년 미국과 멕시코의 전쟁에서 비행기는 주로 정찰을 목적으로 사용되었다.
본격적으로 비행기가 실용화되어 전쟁 무기로서 사용된 것은 제1차 세계대전(1914~1918)에서였으며, 제2차 세계대전(1939~1945)에서는 무서운 무기로서의 위력을 발휘하였다.

한국전쟁에 참전한 SAAF 소속 F-51D

07 전쟁이 발달시킨 항공기술

프랑스 블레리오 전투기
(과테말라, 1971년)

비행기, 전쟁을 통해 실용화

비행기의 실용화가 전쟁을 통하여 이루어졌던 것은 참으로 불행한 일이 아닐 수 없다. 그러나 이것이 또한 비행기의 성능을 비약적으로 진보시킨 하나의 계기가 된 것도 사실이다. 제1차 세계대전에서 비행기는 1903년 라이트 형제가 첫 비행에 성공한 지 15년밖에 지나지 않았지만 훌륭한 무기로 쓰였다. 또한 그로부터 36년이 지나서 일어난 제2차 세계대전에서 없어서는 안 될 결정적인 무기가 되었다. 그러므로 제1차 세계대전은 항공기 기술을 놀라운 속도로 진보시킨 계기가 되었고, 제2차 세계대전은 근대 비행기인 프로펠러기의 완성뿐만 아니라 제트기를 개발한 원동력이 된 것이다.

Public Domain

세계 여러 나라는 두 차례에 걸친 세계대전을 치르면서 앞을 다투어 우수한 비행기를 개발하였고 그 성능을 향상시키는 데 주력하였다.

사실 제1차 세계대전 초기만 하더라도 비행기는 무기로서의 가치가 아주 낮게 평가되었으며 대부분 정찰을 하는 데만 사용될 정도였다. 그러나 1915년부터 공중전, 정찰, 폭격, 지상 부대 지원 같은 군사적인 목적에 상응하는 정찰기와 전투기, 폭격기가 개발되기 시작하였다. 그 결과 가장 무서운 전쟁 무기로서 공격력과 기동력이 우수한 비행기의 군사적인 가치를 재인식하게 되었고 각국은 군용기의 생산에 총력을 기울이게 되었다.

전쟁에 필요한 비행기는 우선 속도가 빠르고 상승력이 크며 조종이 쉬워야 하기 때문에 비행기의 설계자나 제조업자는 전술·전략적인 이용법을 연구하여 보다 성능이 우수한 군용기의 개발에 박차를 가했으므로 속도와 항속 거리는 물론 탑재력도 크게 향상되었다. 또한 비행기의 무선 연락을 받고 포병이 공격을 하게 되자 원거리 정찰이 중요해졌고 이에 따라서 장거리 전투기가 개발

프랑스군의 블레리오 전투기
(UAE-움 알 쿠와인, 1969년)

콘솔리데이티드 B-24 중폭격기
(니카라과, 1954년)

1914년 영국 스패드 전투기
(바레인, 1971년)

되었다. 1917년에는 적의 중장갑차나 지상의 목표를 직접 충격하는 지상 공격기가 개발되었으며 점차로 대형화되면서 야간폭격도 시작되었다.

1939년 제2차 세계대전이 터졌을 때는 하늘을 제패하는 자가 세계를 지배한다는 믿음이 팽배하여 각국은 군용기 개발에 총력을 기울였다. 그래서 성능이 우수한 군용기의 설계, 제작 기술의 진보, 나아가서는 대량 생산 체제의 확립에 이르기까지 제1차 세계대전과는 도저히 비교가 안 될 정도로 눈부신 발전을 하였다. 또한 전쟁에서 우위를 확보하기 위해서 목적이나 임무에 맞는 군용기가 설계되고 제작되었다.

2차 대전 때는 초기부터 유선형의 수려한 동체, 가변 피치 프로펠러 같은 것을 장착한 상당한 수준의 군용기를 생산하였다. 그러나 전쟁이 격렬해지면서 더욱 더 진보된 고성능의 군용기가 개발되었는데 대부분이 금속기로서 공기 역학적인 특성이 우수한 저익(低翼) 단엽의 형식을 취하였다. 1945년 전쟁이 끝날 때까지도 획기적인 발전을 거듭한 비행기는 참으로 놀랍도록 무서운 살인과 파괴의 위력을 여실히 나타냈으므로 공군력의 질적·양적인 우위가 전쟁의 승패를 좌우하는 결정적인 요소가 되었다.

1939년 미국 벨 P-39 전투기
(피지, 1981년)

제2차 세계대전 중
미 공군 전폭기 P-47 썬더볼트

USAF

제1차 세계대전의 시련과 비행기의 실용화

1914년에 일어난 제1차 세계대전은 1918년까지 약 5년간 계속되었다. 처음 전쟁이 시작되었을 때 전쟁 당사국의 비행기 보유 현황을 보면 독일이 246대, 프랑스가 160대, 영국이 73대를 가지고 있었다. 그런데 전쟁이 끝났을 때까지 생산된 비행기의 수를 보면 프랑스가 6만 8,000대, 영국이 5만 500대, 독일이 4만 7,000대이며 항공기의 군사적인 중요성을 인정하지 않았던 미국조차도 1만 5,000대를 생산하였다. 이 사실만 보더라도 전쟁 중에 각국이 군용기의 개발과 생산에 얼마나 주력하였는지를 알 수 있다.

Public Domain

제1차 세계대전 후반인 1918년, 영국 제2 항공기 생산공장에서 조립 중인 드 하빌랜드 DH.9

그리고 이렇게 생산량만 늘어난 것이 아니라 기종도 수십 종이 개발되었는데 역사에 남을 만한 기종으로는 최대 시속 200킬로미터 이상을 내는 전투기로 독일의 포커(Fokker) D-7과 영국의 로얄 에어크래프트(Royal Aircraft Factory)의 S.E.5, 브리스톨(Bristol) F2B가 대표적이고 200마력 이상의 정찰기는 독일의 룸플러(Rumpler) C. IV와 영국의 파널 팬더(Parnall Panther), 프랑스 셈송(Salmson)의 셈송 2(Salmson 2)가 있다.

1916년 독일 포커 Dr. 1 전투기 (베트남, 1966년)

또 총 중량 2,000킬로그램 안팎의 경폭격기는 독일의 융커스(Junkers) J-1과 프랑스 브레게(Breguet)의 브레게 14를 들 수 있으며 총 중량 1만 킬로그램이 넘는 중폭격기로는 영국의 핸들리

프랑스의 파르망 복엽기
(모나코, 1964년)

페이지(Handley Page) V-1500과 독일의 체펠린(Zepplin) R-71이 있다. 특히 프로펠러 사이로 기관총 사격을 할 수 있는 포커 전투기는 제1차 세계대전 중 최대의 명물이 되었다. 이밖에도 프랑스의 부아쟁, 뉴포르, 스패드(SPAD), 영국의 솝위드(Sopwith) 카멜(Camel) 및 비커스(Vickers)의 항공기, 독일의 타우베, AEG, LVG, 포커 Dr. 1, 알바트로스 D.V, 할바슈타트 D.II 같은 탁월한 비행기가 많이 개발되었다.

제1차 세계대전을 통해서 비행기가 얼마나 진보되었는지를 좀 더 상세히 살펴보면 우선 속도는 시속 200킬로미터 이상으로 빨라졌고 고도는 기존의 2,000미터에서 7,000미터가 넘는 수준까지, 항속 거리도 1,020킬로미터에서 3,115킬로미터까지 향상되었다. 그리고 엔진도 전쟁 전에는 80~100마력 정도였는데 전투기의 경우 최대 150마력까지 향상되었으며 전쟁이 끝날 때쯤에 폭격기는 300~400마력의 엔진이 실용화되기에 이르렀다.

Public Domain

1915년 후반 독일에서 개발한 전금속제 융커스 J1 전투기

구조면에서도 초기에는 총 중량이 14톤이나 되는 중폭격기를 포함한 대부분의 비행기가 나무로 만들어졌다. 그런데 전쟁 말기에 독일에서 개발한 전(全)금속제 비행기인 융커스 J1형은 세계 최초의 저익 단엽기로서 그 이전까지의 목제(木製) 복엽기에 비하면 일대 혁신이 아닐 수 없었다. 특히 이 비행기는 그 뒤에 생산된 전금속제 대형기나 다발기(multi-engine aircraft)의 원형이 되어 항공기 제조업에 새로운 길을 열었다.

RAF Museum

영국 공군의 브리스톨 전투기

제1차 세계대전 중에 군용기의 주류를 이룬 것은 전투기인데 전쟁 초기인 1914년에 최고 속도가 시속 110킬로미터에서 130킬로미터였던 것이 전쟁 말기인 1917년에는 거의 두 배에 가까운 시속 200킬로미터에서 220킬로미터로 향상될 정도로 놀라운 진보를 하였다. 제1차 세계대전 중의 대표적인 전투기였던 영국의 단좌(單座: single seat) 복엽기인 브리스톨은 개발 당시 80마력의 엔진을 장비하고 최고 시속 150킬로미터의 속도를 냈는데 1918년에는 200마력의 엔진을 장비하여 최고 시속 220킬로미터까지 낼 수 있었다.

1916년 영국 공군 S.E.5 전투기
(적도 기니, 1974년)

또한 전투기의 경우 중요한 성능 가운데 하나인 상승 성능도 1914년에는 한도가 2,000미터였으며 1,000미터 상승하는 데 10분에서 15분이 걸렸지만 전쟁 말기에는 7,000미터까지 오를 수 있게 향상되었으며, 더욱이 3,000미터까지 상승하는 데 6분 정도밖에 안 걸려 이륙 후 7,000미터까지 30분 안에 도달할 수 있었다.

Wikipedia

1918년 영국 공군의 브리스톨 F2B 전투기

알바트로스 C.V

제1차 세계대전 막바지인 1918년에 제작된 독일의 정찰기 알바트로스(Albatros) C. V는 비행기의 기술적인 진보를 보여 주는 대표적인 것인데 정찰, 사진 촬영, 전투, 폭격에 사용된 다용도 비행기였다. 그리고 기수에 고정 기관총, 동체 밑에는 폭탄 4발을 장착한 이 비행기는 목제 세미 모노코크 구조(semi-monocoque construction)의 동체에 주날개가 부착된 복엽기였다. 또 동체 뒷부분에 수평 안정판과 수직 안정판을 달았고 엔진이 수평 비행을 할 때보다 회전이나 급강하를 할 때 가속도로 생기는 원심력 때문에 몇 배의 힘을 더 받는 것을 막기 위해 220마력 엔진을 기체로부터 떨어지지 않게 고정시켰다. 목제 세미 모노코크 구조는 목제의 골격에 합판의 외판을 입히고 접착시킨 하나의 기술적인 혁신으로 이 구조를 그대로 금속 구조로 전환할 수 있었기 때문에 뒤에 금속제 세미 모노코크 구조의 선구적인 역할을 하였다.

1916년 독일 공군 알바트로스 전투기 (라오스, 1996년)

이와 같이 제1차 세계대전을 치르는 불과 5년 사이에 비행기는 급속히 진보하였던 것이다. 속도는 두 배 이상 빨라졌고 엔진의 안정성도 현저하게 증대되었으며 기술적으로는 공기역학적인 성능이 좋아졌을 뿐만 아니라 엔진도 크게 향상되었다. 또 제1차 세계대전이 끝난 후 세계의 군사 이론가들은 미래의 전쟁에서 비행기의 전략적인 중요성을 재인식하게 되었고 제2차 세계대전이 일어나기 전까지 각국은 꾸준히 항공기 기술의 진보와 군사 항공의 확충을 추진하였다.

항공 기술과 공기역학의 결합

제1차 세계대전 후부터 1939년 제2차 세계대전이 일어나기까지 21년 동안은 비행기의 성장기로서 다각적인 발전을 하였지만 주로 군용기를 중심으로 진보하였다. 그러나 이 기간은 군용기만이 아니고 수송기, 관측기, 소형 다목적기 같은 민간 비행기도 상당히 개발되어 비행기의 사용 목적이 다양화된 시대였다.

우선 제1차 세계대전 후 항공 산업이 본격적인 궤도에 오르면서 비행기가 무기로서 주목을 받게 되었으며 그 성능도 군용기를 중심으로 해를 거듭할수록 향상되어 갔다. 이러한 가운데 기존의 물을 대상으로 했던 유체(流體)역학으로부터 비행기를 대상으로 한 공기역학이 발전하게 되었다. 그 성과로 비행기의 모양에도 공기역학적인 원리가 적용되어 성능 향상에 크나 큰 공헌을 하게 되었다.

1918년 미 공군 커티스 훈련기 (베트남, 1986년)

1918년 이탈리아 카프로니 폭격기 (우루과이, 1974년)

1938년 NACA의 풍동실험

1919년 독일 괴팅겐 대학의 공기역학연구소 풍동 실험

공기역학의 연구는 독일의 공기역학연구소와 미국의 NACA(항공자문위원회, 현 NASA의 전신)를 중심으로 착수되었다. NACA는 1930년 무렵부터 날개의 모양에 대한 체계적인 풍동(風洞: wind tunnel) 실험을 하여 지금까지도 NACA 날개형으로 널리 알려진 많은 형태를 개발하였다. 또 독일 항공계의 중추로서 세계적으로도 유명한 괴팅겐(Göttingen) 대학의 공기역학연구소는 풍동실험을 통해서 공기역학적 특성이 우수한 날개 모양을 개발했다. 이것이 괴팅겐 날개형인데 NACA 날개형과 함께 현재까지도 유명하다.

제1차 세계대전 후 기초적인 항공기 기술인 공기역학에 획기적인 성과를 가져온 괴팅겐 날개형은 저항이 작다는 이유로 널리 사용되었던 예전의 얇은 날개와는 달리 두터우면서도 저항이 작다. 라이트 형제의 비행기 이후에 통상 아래 면이 큰 곡면 형태이고 아주 얇은 모양인 날개를 사용하였으나, 괴팅겐 날개형은 아래 면을 가능한 한 작게 만든 두터운 모양이면서도 큰 양력을 얻을 수 있었다. 그리고 종래의 날개는 최저저항계수가 0.03쯤 되었는데 괴팅겐 날개형은 최저저항계수가 0.015였다. 그 후에 날개 면을 직선으로 한 클라크(Clark) Y형이나 날개의 아래 면까지도 두텁게 한 NACA 날개형이 개발되어 날개의 최저저항계수는 더욱 작아진 대신에 큰 양력을 얻게 되어 비행기의 성능 개선에 기여했다. 독일은 일찍부터 괴팅겐 날개형을 사용하여 공기 저항이 작으면서도 속도가 빠른 우수한 전투기를 가지게 되었다. 그 가운데에서도 포커(Anthony H. G. Fokker, 1890~1939)가 설계한 전투기가 대표적인 것이었다.

1917년 독일 포커 전투기 (바레인, 1971년)

네덜란드 항공기 제작자 포커

공기역학의 발전과 함께 독일이 항공기 역사상 기여한 또 하나의 큰 업적은 후고 융커스(Hugo Junkers, 1859~1935) 교수의 금속제 비행기 개발이었다. 금속제 비행기는 종래의 목제 비행기에 비해 강도나 강성이 유리할 뿐만 아니라 기상 조건에도 강한 것이 장점이다. 또 이 비행기는 괴팅겐 날개형을 사용하여 고속을 낼 수 있으며 저익(低翼) 단엽의 획기적인 형식을 취하여 많은 비행기들의 선구적인 역할을 하였다.

독일 항공기 제작자 후고 융커스

영국, 프랑스, 미국도 많은 전투기와 폭격기를 제작하였다. 하지만 제1차 세계대전 중에는 물론 전쟁 이후에도 항공 기술의 발달에 학술적으로 크게 기여한 것은 패전국 독일이었다. 독일은 이에 그치지 않고 제2차 세계대전 중에는 V-1과 V-2라는 로켓탄을 개발하였는데 이 기술은 전쟁이 끝난 뒤 전승국(戰勝國)인 미국으로 옮겨져 오늘날 우주 개발의 원동력이 되었다.

1941년 독일 메서슈미트 Bf 109 전투기 (적도 기니, 1974년)

독일 공군 융커스 J2

급속한 진보의 원동력이 된 제2차 세계대전

기계 문명의 발달과 제국주의 사상의 파급으로 식민지의 확장이 치열해짐에 따라 서구 열강은 군비의 강화에 중점을 두었다. 특히 그 가운데에서도 제1차 세계대전 때 공격력과 기동성을 갖춘 가장 무서운 전쟁 무기로서의 가치를 인정받게 된 항공력의 증강은 각국의 중요한 과제가 되었다. 따라서 각국은 항공 공학의 연구와 항공기 산업의 육성에 전력을 다하고 있었는데 1939년에 제2차 세계대전이 일어난 것이다.

1941년 독일의 메서슈미트 Bf 109 전투기 (적도 기니, 1974년)

제2차 세계대전 중 군용기의 성능이 향상된 것을 보면 전투기의 경우 우위 확보를 위해서는 무엇보다 고속성과 운동성이 우수해야 한다는 요구 때문에 단좌, 단발(single engine), 소형의 고속 전투기 같은 것이 개발되었다. 속도도 1920년 무렵에는 평균 시속 300킬로미터였던 것이 1930년경에는 시속 500킬로미터로 향상되었다. 독일의 하인켈(Heinkel) He 100 V8과 메서슈미트(Messerschmit) Bf 109는 액체 냉각식 엔진을 탑재한 대표적인 단좌 전투기로서 최고속도 시속 500킬로미터를 냈고 1939년에는 1,175마력의 엔진을 사용한 He 100 V8이 시속 746킬로미터를 기록하였으며, Bf 109R은 1934년에 이탈리아의 Me-72형 수상 비행기가 수립한 속도 기록인 시속 709킬로미터를 깨고 시속 755킬로미터의 세계 신기록을 수립하였다.

Public Domain

독일 공군 하인켈 He 100 V8

① 독일 메서슈미트 Bf 109
② 일본 영식 함상전투기 52형
③ 영국 호커 타이푼
④ 미국 P-47B
⑤ 미국 F-51D

제2차 세계대전 중에 사용된 대표적인 단발 전투기로서는 영국의 호커 타이푼(Hawker Typhoon), 미국의 P-47B 그리고 한국 공군도 보유한 적이 있는 F-51D, 독일의 메서슈미트 Bf 109, 일본의 제로센(영식, 零式) 함상(艦上)전투기 52형 같은 것이 있다. 이들의 최대 시속은 560~680킬로미터로 비행 거리는 1,000~2,400킬로미터이며 무장으로서는 7.7~20밀리미터의 각종 기관총을 장착하였다. 또 쌍발 전투기로는 미국의 P-61, 독일의 Me-210, 일본의 이식복좌(二式複座) 전투기 등을 꼽을 수 있는데 최대속도 540~580킬로미터, 비행거리 1,800~2,100킬로미터로 7.9~20밀리미터까지의 기관총을 자체 무장하였다. 특히 미국의 그루먼(Grumman) F4F와 일본의 제로센은 공냉식 엔진을 갖춘 성능이 아주 우수한 전투기였다.

1943년 미국 그루먼 함상전투기 F4F-3 와일드캣 (콩고 공화국, 1996년)

SDASM

미 공군 P-51 무스탕

1940년 제2차 세계대전 및 그 후 제트전투기 출현까지 미국의 주력 전투기였던 P-51 무스탕 전투기 (서사하라, 1995년)

1940년에 태평양 전쟁에 투입되었던 미국 노스아메리칸(North American)의 P-51 무스탕(Mustang)은 당시 최고의 성능을 과시한 대표적인 전투기였다. 특히 P-51D는 1,680마력의 수냉식 엔진을 장비하여 최고 시속 711킬로미터까지 낼 수 있었으며, 보조연료탱크를 사용하면 항속 거리 3,000킬로미터까지도 비행할 수 있었다. 그리고 전투기에 요구되는 상승 성능도 과급(過給, supercharge) 방식 엔진의 진보로 상승 한도가 10,000미터를 넘게 되었으며 평균 1분에 1,000미터까지 상승할 수 있게 되었다.

또 항속 거리도 500~700킬로미터 수준까지 향상되었는데 그 가운데에는 2,000킬로미터 이상을 비행하면서 폭격기를 엄호하는 전투기도 개발되었다. 전쟁 초에는 단발의 경폭격기 말고도 쌍발의 중형 폭격기가 개발되었으며, 한 번에 더 많은 폭탄을 탑재해야 할 필요성 때문에 대형 폭격기가 개발되었다. 그러므로 제1차 세계대전이 끝났을 때 폭격기는 최고 속도 시속 200킬로미터, 탑재량은 1톤, 항속 거리는 1,000킬로미터 수준이었으나 제2차 세계대전 때에는 최고속도 시속 350킬로미터, 탑재량은 3톤, 항속 거리 3,000킬로미터까지 그 성능이 향상되었다. 대표적인 단발 폭격기는 일본의 함상공격기 B6N2인데 시속 481킬로미터, 항속 거리 3,920킬로미터로 폭탄 800킬로그램을 장착할 수 있었다.

1940년 일본 미쓰비시 중폭격기 Type 98-1 (콩고 공화국, 1996년)

Public Domain

일본 함상공격기 B6N2

쌍발 폭격기는 일본의 육상공격기인 G4M2가 대표적인 것인데 시속 437킬로미터, 항속거리 5,610킬로미터로 폭탄 1톤을 탑재할 수 있었다.

한편 미국의 B-17 플라잉 포트리스(Flying Fortress)는 전쟁 말기에 더욱 더 성능이 좋아졌지만 처음 개발했던 1935년에도 최고 시속 400킬로미터까지 낼 수 있어서 당시의 폭격기 가운데 가장 빠르고 우수한 폭격기로 주목을 받았다. 미국의 B-29 슈퍼 포트리스(Super Fortress)는 그때까지의 항공 기술을 총결산하여 제작한 2차대전 최고의 폭격기이다. 2,200마력 엔진 4대를 장착하고 시속 575킬로미터의 최대속도로 비행할 수 있으며, 항속거리가 5,230킬로미터에 달해 사이판섬과 일본 본토를 왕복할 수 있었다. 날개폭 43미터, 길이 30미터에 총중량이 60톤이 넘고 최대 11명이 탑승하여 9톤의 폭탄을 장착하고 임무를 수행할 수 있었다. 게다가 공기가 희박한 10,000미터 이상의 고공을 비행할 수 있도록 대형의 여압실(기압이 낮은 높은 고도에서 압력을 가해 지상의 기압과의 차이를 줄인 공간)까지 장비한 최초의 비행기였다. 제2차 세계대전이 시작된 지 반년이 채 안 된 1940년 1월에 프랑스가 항복한 데 불안을 느낀 미국이 B-17보다 더 큰 대형 전략 폭격기의 개발을 결심하여 만든 것이다.

Public Domain

미국 B-17 폭격기

이 비행기의 개발과 생산은 거인기 개발에 전통이 있는 보잉사가 하였다. 당시 제작비가 30억 달러나 든 일대의 모험이었는데 무수한 시행착오와 혼란을 겪은 뒤에 대형 프로펠러기로서는 마지막으로 양산된 항공기였다.

Public Domain

미국 B-29 폭격기

Public Domain

1945년 일본 점령지를 폭격 중인 미 공군 B-29 폭격기

B-29는 제2차 세계대전이 끝날 때까지 3,970대가 생산되었는데 B-29가 일본에 투하한 폭탄량이 약 17만 톤에 이르며 1945년 5월 25일부터 26일 사이에 464대의 B-29가 동경을 폭격하였다는 사실만으로도 그 위력을 알 수 있다. 일본은 제2차 세계대전에서 이 B-29 때문에 졌다고 해도 과언이 아니다. 전쟁 말기, 일본 본토인 히로시마와 나가사키에 원자폭탄을 투하한 것도 이 B-29였다. 세계에 그 위력을 떨쳤던 이 비행기도 지금은 우리나라와 미국에 한 대씩 두 대만이 남아 있는데 국내에 있는 것은 여의도의 반공 전시장에 전시 되었다가 1994년 경남 사천의 항공우주박물관으로 이전되어 보관, 전시되어 있다.

NASM

1945년 8월 6일 히로시마 원폭 투하 임무를 마친 미 공군 B-29 폭격기 '에놀라 게이'

군수 물자나 군대를 수송하기 위한 수송기는 전투기나 폭격기의 대량 생산과 개조가 더 급하였기 때문에 대부분이 전쟁이 일어나기 전의 것을 그대로 사용하였다. 대표적인 수송기로는 미국의 C-46, C-47, C-54, 독일의 융커스, 영국의 알바트로스, 플라밍고 등을 들 수 있는데 40명 정도를 탑승시킬 수 있고 시속 400킬로미터, 비행 거리가 4,600킬로미터 정도에 불과했다.

제2차 세계대전 때에 기술적으로 진보를 한 대표적인 비행기를 보면 영국이 제작한 아브로 랭커스터(Lancaster) 4발 폭격기를 들 수 있다. 독일의 공업지대에 야간폭격을 가해 치명적인 손해를 끼친 탓에 '독일은 랭커스터 때문에 졌다'라는 말이 나올 정도였다. 전체를 알루미늄 합금으로 만든 이 비행기는 동체가 세미 모노코크 구조로서 응력 외피 구조의 주익을 동체 측면에 연결된 중간 부분에 위치시키고 그 내부를 연료탱크로 만들었다. 그러나 여압 시설이 없어 고공 비행을 할 때에는 승무원이 산소마스크를 사용하였다.

또한 가장 큰 특징은 레이더를 장치하여서 야간이나 악천후에 관계없이 폭격 비행을 할 수 있다는 것과 스스로의 위치를 확인할

Public Domain

미국 C-46

USAF

독일 융커스 Ju 52

BAE Systems

영국 DH95 플라밍고

Public Domain

1943년 영국 체셔에 위치한 아브로 우드포드 공장에서 조립 중인 랭커스터

1942년 영국 아브로 중폭격기 랭커스터 Mk1 (세인트 루시아, 1985년)

수 있는 전파유도 장치를 장비하였다는 것이다. 이와 같은 레이더와 전파유도 장치가 있어 대서양 횡단 비행을 가능하게 하는 수송기로 발전하였다.

SDASM

1937년 8월 27일 터보제트 엔진으로 비행에 성공한 독일 He 178

전쟁 말기에는 제트 엔진이 출현하여 영국, 독일, 이탈리아를 중심으로 제트 군용기의 개발을 위한 많은 실험이 있었는데 1939년 8월 27일에 터보제트 엔진을 장착한 독일 하인켈(Heinkel)사의 He 178기가 최초로 비행에 성공하였다. 이어 1940년 8월에는 이탈리아의 CC-1이, 1941년 5월에는 영국의 글로스터(Gloster) E-28/39가 시험비행에 성공하였다. 제트 전투기는 1942년에 영국 글로스터의 미디아 (Media)와 독일 메서슈미트 Me-262가 개발되어 1944년 실전에 투입되었다. 제2차 세계대전 말기 미국과 영국의 연합전략 공습 부대가 독일 본토에 대한 야간 대공습을 계속하고 있을 때 돌연 출현하여 연합군의 조종사를 공포에 떨게한 것이 바로 이 Me-262 제트 전투기였다. 9,000미터까지 날아오르는 데 13.2분이 걸리고 최대 속도 시속 870킬로미터인 이 비행기는 B-17 폭격기 편대를 호위했던 시속 740킬로미터의 고속 프로펠러 전투기를 무력하게 해버렸던 것이다.

SDASM

독일 메서슈미트 Me-262

미국은 1944년 1월에 록히드에서 F-80 슈팅스타(Shooting Star)로 첫번째 터보제트 비행에 성공했다. 이 제트 전투기는 한국전쟁에 처음으로 참전하여 위력을 떨쳤는데, '쌕쌕이' 또는 '호주기'라는 애칭으로 불렸다.

Lockheed Martin

미국이 개발해 한국전쟁에서 활약했던 F-80

비행기 발달의 최대 요인은 두 번의 세계대전이었다. 인간이 항공기 기술의 진보나 비행기의 발달에 쏟은 그 많은 희생이나 열의 그리고 용감한 도전이 모두 전쟁의 승패를 좌우하는 흉악한 살인무기로서 사용되었다는 사실은 참으로 슬픈 일이 아닐 수 없다. 그러나 비행기는 두 번의 세계대전을 통하여 획기적인 진보를 하였다는 점이나 전쟁 후에는 교통 수단으로서 평화적인 목적으로 사용되었다는 점이나 모두 부정할 수 없는 사실이며, 이것은 과학이나 인간의 문화가 안고 있는 어쩔 수 없는 하나의 모순인지도 모른다.

1930년대 프랑스 뉴포르 전투기
(아르헨티나, 1969년)

08

근대 항공 수송의 개막

두 번의 세계대전을 통하여 비행기는 기술적으로 획기적인 발전을 하였지만, 원래의 목적과는 달리 전쟁 중에 무서운 무기로 사용되었다는 사실은 참으로 애석한 일이 아닐 수 없다. 그러나 두 번의 세계대전이 끝난 뒤에 비행기는 평화적인 목적으로 더 많이 사용됨으로써 새로운 교통 수단으로 발전하여 인류 문명에 크게 공헌하고 있다.

Public Domain

웨스턴 항공 보잉(Boeing) 707-720B

08 근대 항공 수송의 개막

여객기로 개조된 군용기

제1차 세계대전 중에 비약적으로 진보했던 고성능 군용 비행기는 전쟁이 끝나자 여객기로 개조되어 운송 수단으로 활용되었다. 제2차 세계대전이 일어난 1939년까지 약 21년 동안 비행기는 구미 각국을 중심으로 여객이나 우편물을 수송하는 새로운 교통기관으로 점차 발전하게 되었다. 그리고 이때부터 구미 각국의 주요 도시 사이에는 정기 항공 노선이 개설되었다. 그러나 비행기가 기존의 교통기관에 못지 않은 교통 수단으로 자리를 굳힌 것은 제2차 세계대전이 끝난 1945년 이후부터였다. 제1차 세계대전 직후와는 달리 군용기를 개조한 것이 아니라 세계대전 중에 급속히 진보한 항공 기술을 이용하여 처음부터 민간 여객운송용 비행기를 개발하여 세계의 주요 도시를 연결하는 항공 노선망을 구축한 것이다. 그러던 중 음속에 가까운 속도를 내는 고속 운송 기관으로서의 제트기가 개발되어 민간 항공 운송의 획기적인 발전을 이루었다.

아비앙카 항공 더글라스 DC-3 (에콰도르, 1988년)

Boeing

1969년 첫비행 중인 보잉 B747 시제기

이어서 미국 보잉사의 B747 같은 대형 여객기와 프랑스 에어버스의 초음속기인 콩코드가 등장하여 항공수송은 국제 교통 부문에서 없어서는 안 될 교통기관으로 떠올랐고 오늘날 산업 활동에서는 물론 일반 생활에서도 꼭 필요한 문명의 이기가 되었다.

초음속 여객기 콩코드
(가봉, 1975년)

제1차 세계대전 직후의 유럽은 거의 파산 직전의 상태에 있었다. 그래서 유럽의 여러 나라는 군비를 삭감하는 한 방법으로 군용기를 감축하지 않을 수 없는 각박한 실정이었다. 항공 여객 수송 사업은 전쟁에 사용하다가 남은 군용기를 유효 적절하게 사용하려는 유럽의 노력이 직접적인 동기가 된 것이다.

Public Domain

1972년 에어버스 A300 시제기 첫비행

프랑스 파르망 골리아트

1919년 폭격기를 개조한 최초의 민간수송기 DH-4 (스위스, 1944년)

비커스 비미의 여객기형 K-107

제1차 세계대전이 끝나고 처음으로 군용기를 개조해 여객을 탑승시킬 목적으로 객실을 설치한 것은 영국이었다. 영국은 세계대전이 끝날 때에 강화조약을 체결하기 위해 제네바에 파견할 대표를 수송하려고 DH-4 군용기를 개조하여 사용하였다. 이것이 하나의 계기가 되어 각국은 군용기를 개조하여 여객 수송기로 활용하였다. 수송기는 탑재량이 큰 비행기가 적합했기 때문에 정찰기나 전투기보다는 주로 폭격기가 이용되었다.

1919년에 수송기로 개조된 프랑스의 파르망 골리아트(Farman Goliath) 폭격기가 대표적인 본보기였다. 이 수송기는 익폭이 28미터, 전장 14미터, 260마력 엔진 2대를 장착한 대형기인데 1920년에는 1,915킬로미터의 항속거리를 기록해 세계 기록을 세웠다. 영국의 경우에는 익폭 22미터, 전장 15미터인 대형 폭격기 비커스 비미(Vickers Vimy)를 여객 수송기로 개조하여 사용하였다. 이 비행기는 영국 런던에서 출발해 오스트레일리아 포트 다윈까지 17,910킬로미터를 28일 동안 비행하여 오스트레일리아가 건 상금 1만 파운드를 받기도 했다.

최초의 여객운송기 개발

이렇게 하여 발전하기 시작한 민간 항공 수송은 점차로 항공 수요가 증가함에 따라 군용기를 개조한 비행기로서는 도저히 충족할 수 없게 되었다. 그래서 1919년에는 객실을 갖춘 본격적인 수송기를 개발하여 정기 항공 노선에 취항하였다. 이는 일찍부터 비행기를 평화의 목적으로 활용할 수 있다고 확신하였던 독일의 융커스에 의해 최초로 시도되었다. 융커스사가 개발해 1919년 6월 첫 비행에 성공한 F 13은 전금속제의 저익 단엽기로, 2명의 승무원과 4명의 승객을 태울 수 있는 최초의 본격적인 여객기였다. 이 비행기는 융커스사의 상징이 된 두랄루민 소재를 외피로 사용했으며, 3개의 창문이 있어 외부를 볼 수 있었고, 밀폐식으로 설계된 객실에 난방을 하는 것이 가능했다.

1919년 첫 비행을 한 융커스 6인승 단발기 F 13 (콜롬비아, 1965년)

Lufthansa

독일 융커스 F 13

당시는 기체의 구조나 내부 장비가 아주 간단했기 때문에 설계나 제조에 그다지 많은 시간이 소요되지 않았다. 초기 수송기의 대표적인 것으로는 독일의 융커스 F 13 말고도 프랑스의 골리아트, 네덜란드의 포커 F. II 같은 것이 있다. F. II는 승무원 1명에 승객

1919년 네덜란드 포커 F. II (네덜란드, 1969년)

네덜란드 포커 F. II

Junkers.de

전금속제 비행기인 융커스 F 13

6인승 여객기 융커스 F 13
(스위스, 1944년)

4~5명을 태울 수 있는 단발기였으며 F 13과 같은 180마력대의 엔진을 장착했다. 순항속도가 시속 160킬로미터에 달하는 F 13에 비해 다소 느린 시속 120킬로미터에, 목제로 외피를 입힌 비행기였는데, 종래와 같이 외부로부터 날개를 떠받치고 있는 지주나 받침줄이 없이 동체 옆으로 날개가 바로 붙어 있는 단엽기였다. F 13은 목제기에 비하면 비쌌지만 당시로서는 진기한 전금속 구조였기 때문에 내구성이나 성능의 우수성을 인정받아 1919년 6월 25일에 첫 취항한 이래 독일에서만이 아니고 세계적으로 널리 사용되었다. 프랑스의 골리아트는 전체가 목제로 이루어진 복엽기로서 다소 구형이었지만 중앙 통로와 12석의 객실을 갖춘 쌍발의 대형기로서 크게 활약하였다.

1927년 영국 드 하빌랜드 10인승 3발 수송기 DH. 66 허큘리스
(짐바브웨, 1962년)

그 밖에도 군용기를 개조하지 않고 처음부터 여객 운송기로 설계된 비행기들이 개발되었는데 이 가운데 대표적인 것으로는 영국 핸들리 페이지사의 W. 9와 W. 10, 드 하빌랜드사의 허큘리스, 프랑스 파르망사의 골리아트, 독일 융커스사의 G 24, 그리고 네덜란드 포커사의 F. VII를 들 수 있다.

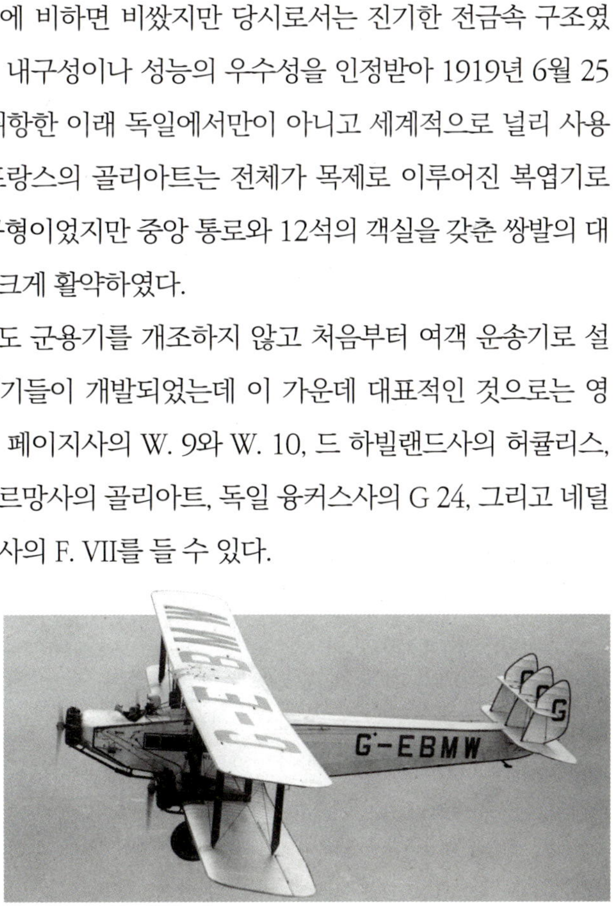

드 하빌랜드 DH. 66 허큘리스

북대서양의 정복과 상업 항공 시대의 본격화

항공의 발달에 큰 관심을 가지고 있던 영국의 유력지인 데일리 메일은 1909년에 대서양 무착륙 횡단을 처음으로 성공하는 사람에게 1만 파운드의 상금을 주겠다고 발표하였으나 세계대전 이전의 항공 기술로는 불가능하였다. 그러나 4년간의 전쟁 동안 항공기 기술은 비약적으로 발전하여 비행기의 항속 성능과 신뢰성이 크게 진보하였다. 그래서 데일리 메일은 1919년에 다시 현상금을 내걸었다. 하지만 대서양 항로는 악천후가 잦으며 거리가 3,000킬로미터나 되어서 시계(視界) 비행에 의존하기에는 너무나 어려운 마(魔)의 항로였다.

Public Domain

Daily Mail

BRITISH AIRMEN WIN "THE DAILY MAIL" £10,000 ATLANTIC PRIZE.

1919년 6월 16일 '데일리 메일' 1면

그러나 당시의 비행가들은 죽음을 각오하고 이에 도전하였다. 1919년부터 1929년까지 10년 동안 대서양 무착륙 비행 도전의 결과를 보면 모두 42회를 도전하였는데 그 가운데 성공을 한 것은 9회이고 33회나 실패하였다. 마의 항로로 여겼던 대서양 횡단비행에 처음으로 성공한 것은 미국 해군의 알버트 리드(Albert Cushing Read) 소위가 지휘한 커티스 NC-4 비행정이었다. 1919년 5월 16일에 뉴펀들랜드의 트레퍼시만을 출발한 3대의 동형 비행정 가운데 2대는 낙오하고 끝까지 남은 4호기만이 아조레스 군도에 2번이나 착수한 끝에 12일이 걸려서 리스본에 도착하였다. 당시의 기술 수준으로 보면 훌륭한 성과였지만, 무착륙비행이 아닌 탓에 완전한 성공이라고 보기에는 부족하였다.

최초로 대서양횡단 비행에 성공한 커티스 NC-4(오스트리아, 1978년)

데일리 메일의 현상금을 획득한 것은 영국의 존 알콕(John Alcock)과 아서 브라운(Arthur Brown) 팀이었다. 1919년 6월

Public Domain

1919년 6월 대서양 횡단을 위해 이륙 중인 알콕과 브라운 팀의 비커스 비미

14일에 비커스 비미 비행기를 타고 뉴펀들랜드 섬을 출발하여 아일랜드 서해안의 클리프덴까지 3,040킬로미터에 이르는 바다 위를 16시간 27분에 걸쳐 비행하는 데 성공하였다. 역사적인 비행에 사용된 영국의 비커스 비미는 런던의 과학박물관에 전시되어 있다.

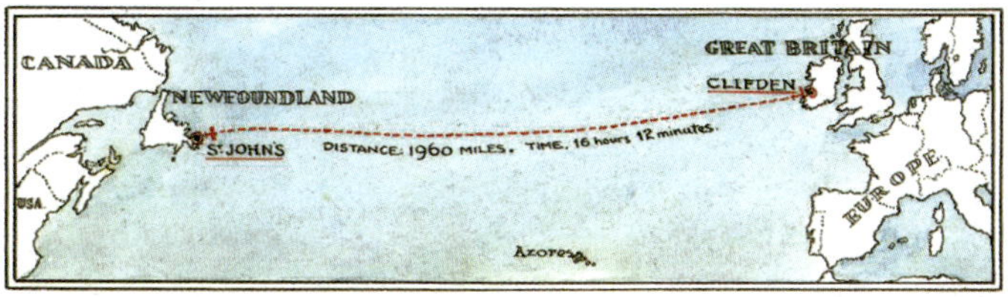

알콕과 브라운 팀의 비행경로

1919년, 프랑스 출신의 미국인 부호 오르티즈(Orteig)가 뉴욕과 파리를 무착륙 비행하는 데 대하여 2만 5,000달러의 현상금을 내놓았다. 여러 비행가들이 이 현상금에 도전하였으나 실패하였다. 당시에는 미 대륙에서 유럽 대륙까지 대서양을 무착륙으로 횡단해 비행하는 것은 불가능하다고 여겨졌다. 그런 중에 대서양의 무착륙 횡단 비행이 무명의 미국인 우편 비행기 조종사 손에 의해서 달성되었다. 불가능하다고 여긴 일을 이룬 사람은 당시 25살이던 찰스 린드버그(Charles A. Lindbergh)였다.

찰스 린드버그(니카라과, 1977년)

대서양 무착륙 횡단 비행에 성공한 찰스 린드버그

5,809킬로미터의 대서양을 무착륙 횡단비행한 스피릿 오브 세인트루이스호

그는 캘리포니아의 조그만 비행기 제조 회사인 라이언(Ryan) 사가 미국의 서해안에서 우편 비행용으로 사용하고 있던 비행기를 대서양 횡단용으로 개조하였다. 그 비행기가 바로 스피릿 오브 세인트루이스(Spirit of St. Louis)호였다. 이 비행기는 익폭이 14미터이고, 기체의 중량이 975킬로그램으로 연료를 가득 채우면 2,329킬로그램이 되는 아주 작은 단발 비행기였다. 장거리 비행을 위해 린드버그는 원래 5인승으로 설계된 여객기에 조종석 1개만 남겼고 여분의 공간은 모두 연료탱크로 채웠다. 심지어는 조종석 앞쪽까지 연료탱크를 놓는 바람에, 밖을 내다볼 수 있는 유리창을 없애고 대신 잠망경 형태의 망원경으로 밖을 보아야 했다. 이런 점에서 이 비행기는 연료 수송을 위한 비행기로 설계 제작되었다고 해도 틀린 말이 아니다. 세인트루이스호는 알루미늄 합금판으로 기수를 만들었고 동체는 포커사가 개발하여 당시 미국에서 가장 일반적으로 사용되었던 구리관을 용접한 골조였다.

스피릿 오브 세인트 루이스호
(기니, 1979년)

1927년 5월 20일 뉴욕-파리 간 대서양 무착륙 횡단비행에 성공한 찰스 린드버그

브레게(Breguet)19 대서양 횡단 비행 기념 (모나코, 1964년)

1919년 카라치 경유 영국-호주항 공로 개척 (파키스탄, 1969년)

그는 여러 차례 미 동부 연안에서 시험비행에 도전한 후 1927년 5월 20일 뉴욕-파리 간을 무착륙 비행하는 데 성공하였다. 5,809킬로미터의 먼 거리를 33시간 30분 동안 비행한 끝에 5월 21일 오후 10시 20분, 5만 명이 넘는 파리 시민들의 환영을 받으며 파리의 르부르제 공항에 무사히 착륙하였다. 그 당시로서는 놀라운 대성과였다. 그가 사용한 세인트루이스호는 지금도 미국의 항공우주박물관에 전시되어 있다. 세계의 2대 도시인 뉴욕과 파리를 단번에 연결한 린드버그의 비행은 문화적, 역사적인 의의가 컸으며 항법사를 동반하지 않고 혼자서 매우 어려운 대서양 비행에 도전했다는 이유 때문에 지금까지도 높게 평가되고 있다.

그 뒤에도 미국의 클레런스 체임벌린(Clarence Duncan Chamberlin)이 같은 해인 1927년 라이트-벨랑카(Wright-Bellanca) WB-2 기종으로 뉴욕과 베를린 사이를 무착륙 비행하는 데 성공하였다. 1931년에는 벨랑카 비행기로 일본에서 미국까지 태평양을 횡단 비행하는 데 성공하였다. 전쟁기간 중에 급팽창한 군용 비행기가 원동력이 되어 여객 수송용 비행기가 개발되면서 여객, 화물, 우편물의 수송 사업을 목적으로 하는 항공기 시대

가 펼쳐졌다. 제1차 세계대전이 끝난 1919년부터 제2차 세계대전이 일어난 1939년까지의 21년 동안은 특히 지구의 구석구석까지 비행기가 뜨고 내리기에 이르렀다. 각국의 도시와 도시를 연결하는 정기항공 수송망이 지구 전역에 형성된 상업 항공의 개발 시대였다. 전쟁이 끝난 직후인 1919년 1년 동안에 영국과 프랑스, 독일의 세 나라에만도 20개가 넘는 소규모 항공사가 탄생하였다.

특히 린드버그의 대서양 횡단 비행에 자극을 받아 본격적인 상업 항공 시대가 개막되었으며 유럽은 물론 미국에서도 이스턴항공, 아메리칸항공, 노스웨스트항공, 팬암항공, TWA 같은 항공사들이 이때 전부 탄생하였다.

전쟁 뒤에 탄생한 많은 항공사들은 항공 수송 사업의 빈약한 채산성 때문에 파산하거나 흡수 합병을 반복할 수밖에 없었다. 그런 가운데 민간 항공 회사에 대한 정부의 보호 정책이 채택되었고 일국일사(一國一社)라는 각국의 항공 기업 일원화 방침이 수립되면서 국영화를 통하여 독일의 루프트한자, 프랑스의 에어프랑스, 네덜란드의 KLM 오란다항공, 영국의 임페리얼항공 같은 근대 항공사가 그 모습을 나타내었다.

리스본-리우데자네이루 첫 비행 (포르투갈, 1969년)

프랑스 1937년 남대서양 횡단 항로 개척(모리타니, 1967년)

최후의 목제기, 베가

미국의 새로운 항공 시대를 구축한 최초의 비행기는 록히드 베가(Vega)였다. 록히드사도 이 비행기를 제작함으로써 항공기 제작사로서의 기반을 확립하였다. 당시 록히드 형제는 자금이 부족했을 뿐만 아니라 만들 비행기도 없는 도산 직전의 상태에서 7년 남짓 버티고 있었는데 존 노드롭이라는 탁월한 설계자의 재능에 의해서 탄생한 것이 이 비행기였다.

Public Domain
록히드 베가

Lockheed Martin

┃록히드 베가

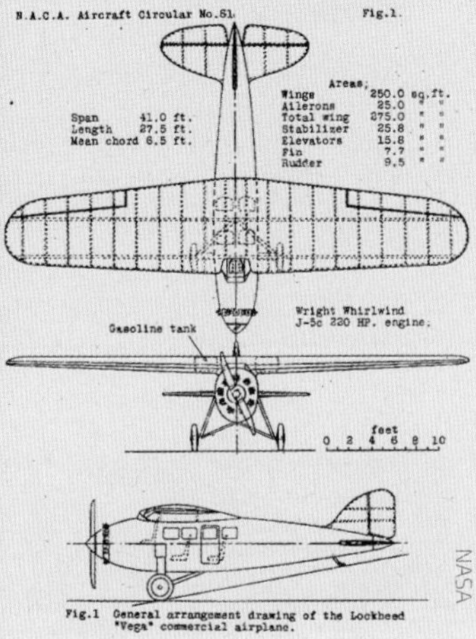

NASA

린드버그가 대서양 횡단 비행에 성공한 지 2개월 뒤에 등장한 이 6인승 비행기는 빠른 속도 때문에 민간 항공의 에이스가 되었다. 220마력 엔진으로는 순항속도 시속 160킬로미터를, 450마력의 엔진으로는 시속 220킬로미터의 속도를 낼 수 있었다. 이 같은 성능을 갖춘 베가는 총 34회의 세계 기록을 수립하여 기록 수립의 명수라는 별명을 가질 정도였다. 이렇게 빠른 속도를 낼 수 있는 비밀 가운데 하나는 둥근 원형의 동체에 있었다.

이전의 비행기는 복잡한 골조가 기체를 받치고 있었다. 그러던 것을 1913년에 프랑스의 루이 베슈로가 당시 시속 200킬로미터를 돌파하여 화제가 된 비행기 드페르뒤생 레이서에서 처음으로 채용한 모노코크 구조를 록히드 베가가 완전히 도입하였던 것이다. 그 기술은 제2차 세계대전에서 영국의 모스키토 폭격기에 그대로 계승되었다. 베가는 모노코크 구조 곧 달걀 껍질 모양의 구조로 외곽의 판을 둥글게 하여 동체를 만들었기 때문에 골조가 없는 것이 특징이었다. 그 때문에 이 비행기는 동체의 횡단면이 35퍼센트나 절약되어 아주 가볍게 제작되었다. 그와 함께 동체가 유선형이었기 때문에 공기의 저항이 아주 작았다.

베가의 재료는 베니어판이었다. 그 뒤에 항공 교통 수요가 늘어나자 항공사들은 보다 많은 승객을 한번에 수송할 수 있는 대형기를 희망하게 되었으나 목제로는 불가능하였다. 그런 가운데 공업 기술의 발달로 두랄루민 같은 아주 가벼운 합금이 발명되어 전금속제 항공기를 제작하는 결정적인 계기가 되었다. 따라서 록히드 베가는 자연히 항공기 역사상 최후의 목제 비행기가 되었다.

SFO Museum

┃목제로 제작된 록히드 베가

근대 수송기로의 변신

1920년대는 화려한 상업 항공 시대의 개막이 있었으나 항공 기술 쪽에서 볼 때 혁신적인 개량 진보가 거의 없는 상태에서 정체되고 있었다. 뉴욕과 파리간 무착륙 횡단비행에 성공한 린드버그의 라이언 단엽기도 주익은 목제 골조, 동체는 강관의 용접 골조였으며 거의 고장이 나지 않는 공냉 엔진의 비행기에 불과했다. 그러나 상업 비행의 시대가 열리면서 더욱 더 고성능이면서 안정성이나 신뢰성을 가진 비행기에 대한 욕구가 높아지게 되었다.

그 결과 탄생한 것이 1933년 2월 8일에 첫 비행에 성공해 근대 수송기의 선구라고 할 수 있는 보잉사의 B247 수송기였다. 이 수송기의 동체는 금속제 모노코크 구조였으며 주익은 저익 단엽 형태였다. 총 중량 6톤, 10개의 객석, 시속 250킬로미터의 순항 속도, 420마력의 엔진을 장착한 여객 전용의 수송기로서 완전한 모노코크 구조의 응력 외피, 전금속 구조, 인입식 바퀴, 가변 피치 프로펠러, 자동 조종 장치, 주익 및 미익의 방빙(防氷)장치 같은 것을 최초로 갖춘 비행기였다. 응력 외피의 동체는 내부에 지주같은 부속물이 없기 때문에 이상적인 수송기였으며 종전에 27시간이 걸렸던 미국 대륙의 횡단 시간을 19시간 30분으로 단축하였다.

미국 1933년 보잉 쌍발 수송기 B247(니우에, 1983년)

B247 조립라인

SDASM

근대 수송기의 선구자 보잉 B247

Wikipedia

| 유나이티드항공 소속 B247

유나이티드항공은 총 60대의 B247을 사용하여 대륙 횡단을 독점 운항하였다. B247의 출현으로 타격을 받은 것이 유나이티드의 경쟁사인 TWA(Transcontinental and Western Air)항공이었다. TWA도 보잉사에 B247을 주문하였으나 유나이티드항공이 주문한 60대의 제작이 완성될 때까지 주문을 받을 수 없다고 거절됨으로써 결국 캘리포니아의 산타모니카에 있는 더글라스(Douglas)사에 의사를 타진하지 않을 수 없었다. TWA의 운항 담당 부사장인 프라이드가 더글라스사에 요청한 비행기는 전금속제의 3발 단엽기였다. 목제와 금속제 혼합 구조이거나 복엽기이거나 상관없으나 주요 내부 구조만은 금속을 사용해야 한다는 것이었다. 또 순항속도 시속 240킬로미터, 순항거리 1,700킬로미터에 객석 12개 설치가 요구되었다.

| 더글라스 DC-1 객실

SDASM

| TWA항공 소속 DC-1

더글라스사는 1920년에 도날드 윌스 더글라스가 600달러의 자본금으로 시작한 회사였다. 주로 군용기만을 제작해 온 더글라스의 설계진은 목금(木金) 혼합 구조, 복엽, 3발이라는 점에 깊은 흥미를 가지고 B247에 대항할 수 있는 수송기의 제작에 착수하였다. 그리하여 라이트사의 사이클론 710마력 엔진 2대를 달고, 저익·단엽식의 전금속 응력 외피 구조를 채용하였으며, 특히 주익을 3행으로 구획한 구조를 골격으로 하여 중량의 경감에 중점을 둔 익형을 채용하였으며 스플릿 플랩 (Split-flap)을 주익에 장치하는 등 공을 들여 아주 세련된 비행기를 완성했다. 이것이 DC-1으로서 첫 비행에 성공한 1933년 7월은 근대식 운송기가 탄생된 역사적인 순간이 되었다.

TWA항공 소속 DC-1

스위스항공 소속 DC-2

이어서 DC-1과 똑같은 설계로 천정을 높이고 객석을 2개 늘린 14석의 DC-2가 1934년 5월에 탄생하였다. 이것은 710마력 엔진 2대, 270킬로미터의 순항속도, 방음 장치 등 승객의 쾌적성을 높일 수 있는 새로운 설비가 도입된 비행기로서 성능뿐만 아니라 경제성도 우수하였다. 1934년 10월 KLM은 DC-2로 런던과 멜버른을 잇는 1만 8,160킬로미터를 2번의 중간 기착만으로 비행함으로써 수송기로서의 우수성을 과시하였다.

미국 1934년 더글러스 쌍발 수송기 DC-2(일본, 1937년)

성인이 된 수송기

미국 1935년 더글러스 쌍발 수송기 DC-3 (중앙아프리카, 1967년)

그 당시 유나이티드항공의 B247과 TWA의 DC-2에 협공을 받게 된 아메리칸항공은 더글라스사에 DC-2보다 크고 14개의 침대가 설치된 DST(Douglas Sleeper Transport)의 개발을 의뢰하였고, 이 비행기의 제작에 성공한 더글라스사는 다시 이를 총 중량 11톤에 3열 21석을 지닌 DC-3로 개조하여 1936년 6월 26일 취항시켰다. 2대의 1,200마력 엔진, 전폭 29미터, 전장 19.7미터, 순항 속도 270킬로미터로서 DC-2보다 객석이 50퍼센트 이상 증가하였는데도 불구하고 운항비는 3퍼센트밖에 증가되지 않았다. DC-3는 수송기로서 항공기 역사상 그 유례를 찾아볼수 없는 대량 생산기가 되어 제2차 세계대전이 끝날 때까지 약 1만 1,000대가 생산되었다.

SDASM

유나이티드항공 소속 DC-3

이를 계기로 항상 유럽에 뒤지고 있던 미국의 항공기 산업이 일약 세계 항공기 산업을 제패하였고 오늘날까지도 그러한 상황은 지속되고 있다. 하지만 미국이 세계의 항공기 산업을 제패한 가장 큰 요인은 독일의 융커스가 개발한 전금속기의 기술과 로바흐(Rohrbach)의 응력 외피 이론을 흡수하여 활용한 데 있었다. DC-3의 활약으로 미국의 국내 항공 수요가 급속히 증가하자

더글러스 쌍발 수송기 DC-3 (튀르키예, 1954년)

항공사들은 DC-3보다 더 큰 4발 수송기의 개발을 요구하게 되었다. 당시 이미 유럽에서는 1931년 6월에 임페리얼 항공의 노선에 취항한 핸들리 페이지 H.P.42가 총중량 13톤으로 24명의 승객을 태우고 운항하고 있었고, 1938년 말에는 루프트한자의 노선에 좌석수 40석, 총중량이 23톤인 융커스 Ju 90이 취항하였다. 또한 보잉사가 좌석수 33석에 총중량 19톤에 달하는 B307을 개발하고 있었다.

임페리얼항공 소속 H.P.42

SDASM

루프트한자항공 소속 Ju 90

SDASM

TWA항공 소속 B307

SDASM

그러나 당시의 항공기 제작 기술로서는 총중량이 30톤을 넘는 대형 육상기를 개발한다는 것이 상당히 무리였다. 기술적으로는 오히려 비행정의 개발이 용이하였다. 1935년에 팬암항공에서 미국과 마닐라를 연결하는 태평양 노선에 사용한 클리퍼(Clipper)는 총중량 25톤, 25석의 객석을 갖고 있었다. 이런 속에서 1939년 말에 더글라스사는 새로운 대형 수송기의 개발에 착수하여 1942년 2월 14일에 첫취항을 하였다. 군용기로서는 C-54, 민간기로서는 DC-4라는 명칭으로 불린 이 비행기는 항공기 역사에 4발의 대형 근대 수송기의 표준형을 확립하였다는 의의가 큰데 제2차 세계대전이 일어나기 전과 종전 직후에 걸쳐서 과도기의 수송기로서 그 역할을 다했다. 이 비행기는 1,450마력의 엔진 4대, 전폭 35.8미터, 전장 28.6미터, 총중량 33.1톤, 순항속도 394킬로미터, 항속거리 3,800킬로미터에 44석의 객석을 갖추었다. 군용기로서는 1,160대, 민간 수송기로서는 79대가 생산되었다. 1946년 3월 7일에 아메리칸항공의 노선에 민간 수송기로서 처음으로 취항하였다.

미국 1942년 더글러스 4발 수송기 DC-4(도미니카, 1960년)

팬암항공 소속 DC-4

Public Domain

Lockheed Martin

| 록히드 컨스텔레이션

제2차 세계대전 뒤의 평화의 날개

| 미국 록히드 4발 프로펠러 수송기 컨스텔레이션(버뮤다, 1975년)

악몽과도 같은 전쟁이 끝나고 평화가 찾아오면서 비행기의 임무도 수송, 교통기관으로 완전히 바뀌었다. 전쟁은 진보한 운항 기술과 기기, 그리고 통신, 항행 지원 설비를 갖춘 비행장 등 민간 항공 수송을 위하여 필요한 많은 유산을 남겼다. 그리하여 전쟁이 끝나기 전에 본격적인 상업 항공 수송 시대가 열리면서 처음으로 등장한 것이 미국 록히드사의 여객 수송 전용기인 컨스텔레이션(Constellation)이었다. 이 비행기는 록히드사가 1939년에 TWA항공의 주문을 받아 제작한 프로펠러기였다. 1946년 2월 6일에 TWA항공의 대서양 횡단 항로에 취항한 이 비행기는 전후 최장 거리 여객기의 표준형이 되었으며 그 뒤 13년 동안 더글라스사가 개발한 DC-6B와 함께 세계의 하늘을 누볐다. 록히드사는 민간 항공기에 베가, 알르테아, 시리우스 등 특정한 별의 이름을 달던 전통을 깨고 이 비행기에는 컨스텔레이션(별자리)이라는 이름을 붙였다. 이 비행기의 특징은 4발 수송기임에도 불구하고 시속 550킬로미터를 낼 수 있었으며 객실이 넓고 전체적으로 모양이 우아하다는 데 있었다.

Lockheed Martin

| 록히드 컨스텔레이션 객실

단거리 여객기로는 1950년에 첫 취항한 영국의 비스카운트 여객기가 한때 세계의 하늘을 제압하였다. 비커스 비스카운트(Vickers Viscount)는 4발의 터보프롭기였다. 안전성과 독특한 자태가 매력적이었지만 무엇보다도 터보프롭이 그 특징이었다.

1948년 영국 4발 수송기 비커스 비스카운트 (말라위, 1972년)

BAE Systems

쿠바나항공 소속 비커스 비스카운트

한편 1945년 9월에 보잉사는 제2차 세계대전 최고의 폭격기로서 위력을 과시했던 B-29의 민간 수송용인 B377을 계획하여 생산하였다. 이 비행기는 객실 아래 설치된 1등 로비가 특징이었으나 여객기로서는 성공하지 못하고 전후 민간 여객기의 주력을 이룬 더글라스사의 DC-6B와 록히드사의 컨스텔레이션에 의해 밀려나고 말았다.

전쟁의 날개가 팔리지 않게 되면 평화의 날개가 팔리게 된다는 것이 항공기 제조 회사의 숙명인지도 모른다. 이 숙명에 의해 각 항공기 제조 회사는 생산하는 공장은 같지만 때로는 죽음의 운반 수단으로서 군용기를 생산하는가 하면 때로는 평화의 운반 수단인 민간 수송기를 개발함으로써 인류에게 파멸과 번영을 주는 이율배반적인 역할을 해왔다. 그러나 그것은 평화와 전쟁의 논리 그 자체인지도 모른다.

Wikipedia

Wikipedia

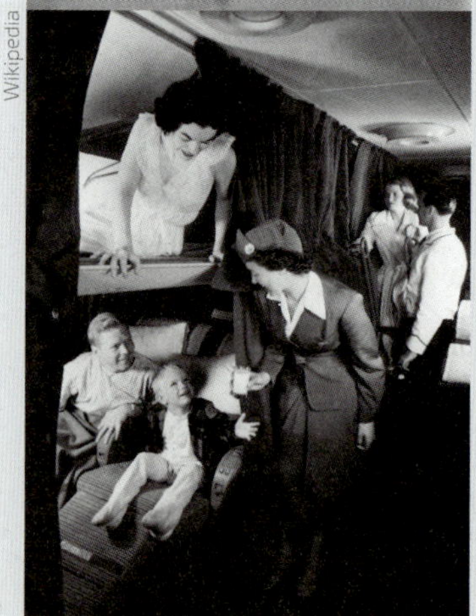

보잉 B377

09

음속을 돌파하게 만든 제트엔진

1903년 라이트 형제가 최초의 동력 비행에 성공한 지 불과 40여 년 만에 동력기관은 왕복피스톤 엔진에서 제트엔진 시대로 발전했다. 특히 1949년 세계 최초의 제트 여객기인 코멧 1호기가 제트 여객기 시대를 개막한 이후 1970년에는 점보제트기(보잉 747)가 상용화됐고, 1976년에는 초음속 여객기(콩코드)가 상용화되는 등 제트 여객기의 전성시대가 열렸다.

브리티시항공의 콩코드 초음속 여객기

09 음속을 돌파하게 만든 제트 엔진

제트기와 초음속기의 등장

NASA

세계 최초로 음속을 돌파한 벨 X-1

사실 제트 엔진을 사용하여 프로펠러 없이 날 수 있는 비행기는 이미 1910년에 시도되었다. 그 뒤 오랜 공백기를 지나 1930년대에 들어서면서부터는 피스톤 엔진과 프로펠러를 이용하는 추진 방법으로는 그 이상 속도를 높이는 것이 한계에 이르게 되었다. 그래서 새로운 추진 기관으로서 제트 엔진을 개발하게 되었다. 이 새로 개발된 제트 엔진은 비행기 동력에 일대 혁명을 가져왔다. 뿐만 아니라 속도도 거의 음속에 가까운 아음속으로 비행할 정도로 향상되었음은 물론 프로펠러 시대에는 상상조차 할 수 없었던 초음속 비행까지 가능하게 하였다.

Wikipedia

라몬 카사노바와 그가 1917년에 제작하고 특허를 취득한 펄스제트 엔진

프로펠러기의 한계

프로펠러기의 속도 기록을 보면 1939년 4월에 독일의 프리츠 웬델(Fritz Wendel)은 메서슈미트(Messerschmitt) Bf 109R 형으로 시속 755.138킬로미터로 날아 독일의 하인켈 He 100 V8이 가지고 있던 시속 746.8킬로미터의 기록을 깨고 세계기록을 세웠다. 이때의 기온이 섭씨 15도라고 가정 한다면 음속은 초속 340.3미터가 되는데 시속 755킬로미터를 마하수로 환산해 본다면 0.616이 된다.

메서슈미트 Bf 109
제2차 세계대전 독일의 주력 전투기
전쟁 발발 당시 1,000대 이상 보유
(쿠바, 1995년)

Wikipedia

메서슈미트 Bf 109R

이 경우에서 알 수 있듯이 프로펠러기의 최고속도는 시속 800킬로미터가 한계이다. 피스톤 엔진을 사용한 프로펠러 추진 방법으로 음속에 가까운 속도로 날면 음속 돌파 직전에 비행기의 날개가 파손되기 때문이다. 이는 비행기에 작용하는 양력이 격감하는 대신에 항력이 급증하기 때문에 생기는 현상이다. 이를 이론적으로 좀더 자세히 설명하면, 비행기의 속도가 빨라지면 비행기 주위에 생기는 압력의 변화 때문에 공기가 압축되어 체적이 변하면서 동시에 공기의 밀도도 변하게 된다.

이 변화의 정도가 클수록 비행기에 작용하는 양력은 급속히 감소하고 반대로 항력이 급증하게 된다. 그런데 비행기의 각 부분 가운데 이러한 현상이 가장 먼저 오는 곳이 바로 프로펠러이다.

Wikipedia

프리츠 웬델(오른쪽)은
메서슈미트 Bf 109R로
독일의 하인켈 He 100 V8의 속도
기록을 경신했다.

제2차 대전 전투기
메서슈미트 Bf 109
(세인트 루시아, 1985년)

왜냐하면 프로펠러는 매분 1천 번이 넘게 고속 회전을 하면서 비행기가 날아가는 속도로 공기 속을 전진하는 일종의 회전하는 날개라고 할 수 있기 때문이다. 그러므로 프로펠러의 날개(Blade), 특히 프로펠러의 끝부분은 공기에 대한 상대 속도가 빨라져서 비행기의 다른 부분보다도 먼저 공기의 압축성의 영향이 나타나 마하 속도에 달하기 때문에 비행기의 주익에 충격파가 발생하기 전에 먼저 프로펠러에 충격파가 생기게 된다. 그 결과 프로펠러는 추력이 줄게 되며 음속을 돌파하는 순간에 파손되는 현상이 나타난다.

비행기의 속도를 높이는 데 가장 장애가 되는 부분이 프로펠러라는 것은 항공 전문가들 사이에서는 일찍부터 알려진 사실이었다. 그럼에도 불구하고 새로운 추진 장치를 개발하지 않고 그대로 사용했던 것은 프로펠러가 비행기의 추진 장치로서는 편리하고 효율이 좋았기 때문이었다. 그러나 비행기의 속도를 더 향상시키기 위해서는 프로펠러를 대신하는 새로운 추진 장치의 개발이 불가피하였다.

German Federal Archive

최초로 제트 비행을 시도한 코안다

동력 비행기가 개발되기 훨씬 전인 1791년에 이미 영국의 존 바버(John Barber)가 가스 터빈 엔진이 동력으로서 아주 우수하다는 것을 이론적으로 증명하였다. 그러나 항공용으로 처음 사용한 사람은 루마니아 태생의 항공 연구가인 앙리 코안다(Henry Coandă, 1886~1972)이다. 그는 파리의 항공전문학교에서 비행기와 제트 엔진을 연구하여 1910년 최초의 제트기인 코안다-1910을 개발했다고 발표했다.

그러나 그가 발명한 제트 엔진은 오늘날 널리 사용되고 있는 터보 제트와는 그 원리가 달랐다. 이것은 터보 제트와 같이 전방의 에어컴프레서가 연료실 뒤에 있는 터빈을 연동하여 회전하는 형식이 아니라 피스톤 엔진으로 압축팬을 구동하고, 팬이 덕트(공기역학적 보호 ring, shroud라고도 함) 안에서 회전하도록 하는 덕트 팬식(Ducted fan type) 엔진이었다. 덕트 안의 팬이 프로펠러의 역할을 하여 추력을 얻을 수 있는 엔진을 개발하였던 것이다.

Wikipedia

앙리 코안다 터보 추진기

Wikipedia

앙리 코안다

코안다는 1910년 10월에 프로펠러가 없는 일엽 반형의 제트기를 제작하여 파리에서 개최된 제2회 항공전시회에 출품하였다.

Wikipedia

코안다-1910
항공기 판매 브로셔

Wikipedia

1910년 10월 파리에서 열린 제2회 국제 항공전시회에 전시된 코안다-1910

전장 12.7미터, 전고 2.7미터, 총중량 420킬로그램으로 니켈 스틸 튜브와 마호가니 합판을 사용하여 만든 이 비행기의 동체 전방에는 덕트와 엔진이 있고 후방에는 작은 수평 미익이 있었다. 후미에는 삼각형의 작은 꼬리날개 네 개를 붙였는데 현대에 와서 러더베이터(ruddervator)라 불리게 되는 V형 미익의 원조를 보여주고 있다.

최초의 시험 비행은 1910년 12월 10일에 파리에서 있었다. 코안다의 수기를 보면 새로운 엔진을 장비한 비행기로 지상 운전을 할 생각이었는데 엔진을 시동하자마자 분출된 제트 후류의 온도가 너무 높아서 기체가 타버리지 않을까 걱정하였다고 한다. 그런데 이렇게 당황하고 있는 사이에 비행기는 그대로 활주를 개시하였고 불행하게도 바로 눈앞에 파리의 성벽이 나타나 서둘러서 조종타를 당겼음에도 불구하고 추력의 부족으로 갑자기 기체가 파괴되면서 바로 추락하고 말았다고 한다.

이렇게 원시적인 구조로는 이륙할 수 없는 것이 당연했다. 만일 덕트와 엔진을 좌우 날개 사이에 장비하여 쌍발로 했었다면 화재의 위험이 없어서 성공했을 확률이 높았다. 그러나 항공 기술이 미숙했던 그때에는 제트기를 제작하여 비행에 도전했다는 것만으로도 코안다의 재능과 업적을 높이 평가하지 않을 수 없다.

그 뒤에 코안다는 1911년부터 1914년까지 영국의 브리스톨사에서 프로펠러 비행기를 설계하면서 광범위한 연구 활동을 계속한 결과 제트 분류는 곡면을 따라 굽어 흐르는 성질이 있다는 '코안다 효과'를 발견하였다. 이 효과는 현재 고양력 장치에 응용되고 있다.

터보 제트기에 착안한 휘틀

코안다의 덕트팬식 제트 엔진 이후 상당 기간 동안 제트 엔진의 개발은 답보 상태에 머물렀다. 그 후 제1차 대전이 시작되고 나서 펄스제트(Pulsejet), 램제트(Ramjet) 같은 단순한 형태의 제트 엔진이 고안되기는 했지만 실용성이 떨어지는 한계가 있었다. 그러나 1930년대에 들어서면서 영국의 젊은 공군 장교인 프랭크 휘틀(Frank Whittle) 소위가 공기 압축기와 가스 터빈을 동일 축으로 연결한 터보 제트 엔진을 고안하였다.

Imperial War Museums

프랭크 휘틀

Imperial War Museums

제2차 세계대전 중 책상에 앉아 있는 항공 준장 프랭크 휘틀

그는 1928년 무렵부터 가스 터빈 엔진의 연구를 시작하여 1930년 1월 16일에 제트 엔진의 특허를 획득하였다. 그러나 그의 이러한 선견적인 연구를 영국 공군에서는 회의적으로 보아 인정하지 않았기 때문에 그만큼 개발이 지연되었다. 그리고 시험 비행에 성공한 사람은 영국인이 아니라 독일의 항공 기술자인 하인켈(Ernst Heinkel, 1888~1958) 박사였다. 그는 1939년 8월 24일에 최초의 제트기인 He 178의 비행에 성공하였다. 엔진은 하인켈사가 개발한 HeS 3b로 추력이 4.9kN(약 5백 킬로그램)에 달하는 제트 엔진인데 오늘날 사용하는 터보 제트 엔진과 동일한 원리이다.

Imperial War Museums

1941년 5월 15일 첫 비행한 글로스터 E.28/39

그러한 가운데 이탈리아, 영국, 미국도 제트기의 개발에 착수하였다. 영국에서 추력 385킬로그램인 휘틀의 W1형 제트 엔진을 장비한 글로스터 E.28/39형이 처음 비행한 것은 독일보다 2년 늦은 1941년 5월 15일이었다. 미국은 1944년에 처음으로 록히드 P-80 슈팅 스타가 첫 비행에 성공하였으나 제2차 세계대전의 실전에는 참가하지 못하였다. 최초의 실용 제트기는 최대 시속 840킬로미터의 독일의 메서슈미트 Me 262였다. 이 비행기는 폭격기로 개조하라는 히틀러의 명령으로 3년에 걸쳐서 개조했지만 폭탄을 적재하면 무거워지기 때문에 아무리 제트기라고 하더라도 속도를 제대로 내기가 어려웠다.

세계 최초의 실용 제트기
Me 262, 총 1,294기 생산
(적도 기니, 1974년)

경이적인 제트 여객기 코멧의 비운

드 하빌랜드 4발 제트 여객기 코멧 1형 (칠레, 1967년)

제2차 세계대전 말에는 군용으로 쓰였던 제트기를 민간용 여객기로 개발하였는데 이 때 많은 사건이 있었다. 이 가운데에서도 세계 최초의 제트 여객기인 코멧(Comet)의 출현과 소멸은 항공 기술사상 큰 사건 가운데 하나였다. 민간용 제트기는 전쟁이 끝나고 4년이 지난 1949년에 영국이 처음으로 개발하였다. 영국은 전쟁이 끝나기 직전인 1944년에 항공개발특별위원회를 구성하여 전쟁 중에 팽창된 항공 공업을 평화 시대에 맞게 전환, 활용하기 위한 4가지 방안을 마련했는데 제4안이 바로 민간 제트기의 개발 계획이었다. 영국 항공업계는 항공 학자인 휘틀이 1928년에 개발했던 터보 제트 엔진을 기초로 여기에 전쟁 중에 독일에서 거둔 성과를 더하여 극비리에 민간 제트기의 제작을 추진하였다.

처음에는 제트 엔진 3대를 장비한 우편 수송 전용기를 계획하였으나 영국해외항공공사(BOAC, British Overseas Airways Corporation)의 요구에 따라 1944년 말에 여객기로 변경했다. 드 하빌랜드사가 1946년 5월에 DH. 106 코멧으로 원형 설계를

BAE Systems

드 하빌랜드 4발 제트 여객기
코멧 1형
(모나코, 1953년)

Imperial War Museums

핫필드의 비행장에 주기된 DH.106 코멧 시제기

Imperial War Museums

시험비행중인
DH.106 코멧

완성한 이 제트기는 4대의 터보 제트 엔진을 동체 양쪽의 주익 안에 장착하여 만들었는데 가장 새로운 이미지의 아름다운 기체였으며 후퇴익의 단엽 4발 제트기였다. 1949년 7월 27일 세계 최초의 터보 제트 여객기인 코멧 1형이 핫필드의 드 하빌랜드 공장에서 시험 비행장으로 옮겨졌을 때 당시 세계 항공 공업을 완전히 장악하다시피 했던 미국 항공 공업계는 경악을 금치 못하였다. 이 제트기는 개발 초기부터 각국의 항공사로부터 주문이 쇄도하였으며 총 수주가 65대를 초과하여 신규 개발한 항공기로서 상당한 성공을 거두었다.

전장 33미터, 전고 9.5미터, 전폭 38미터인 코멧 1형은 당시 제트 엔진의 성능상 항속 거리나 탑재력이 피스톤기보다 못했지만

대신 속도는 50퍼센트 이상이나 빨랐다. 그러나 좌석이 1등석을 기준으로 볼 때 36석으로 당시 대서양 항로를 운항하던 미국의 4발 프로펠러기와 거의 같은 크기인데다가 엔진의 연료소비율도 아주 높았기 때문에 민간 수송기로서는 경제성이 거의 없었다.

제트 엔진이 동체 가까운 주익 내부에 장착되었기 때문에 한쪽에 달린 2개의 엔진이 정지되어도 비행하는 데 전혀 지장이 없었다. 48톤 중량의 기체를 추진하는 엔진의 출력은 24,000마력이지만 2개의 엔진 사이에는 로켓 엔진이 하나씩 장착되어 있어서 비행장의 해발 고도가 높아 공기밀도가 낮아지고 활주 거리가 길어지는 경우는 물론 활주로가 짧은 경우에도 보조용으로 사용되었다. 코멧은 획기적인 비행기였다. 그러나 불행하게도 코멧 1형은 연속적으로 사고가 나서 형식 증명이 취소되고 생산이 중단되어 1954년 4월에 완전히 퇴역하고 말았다. 이는 과학의 세계에서 항상 직면하게 되는, 내일의 새로운 발전을 위한 불가피한 희생이었는지도 모른다.

드 하빌랜드 4발 제트 여객기 코멧 1형 (칠레, 1955년)

The Wall Street Journal

드 하빌랜드 코멧 1의 첫 번째 상업 비행.
당시 운항노선은 런던-요하네스버그 노선이었다

미국에서 연 제트 여객기의 시대

영국이 개발한 세계 최초의 제트 여객기인 코멧은 선구자적인 역할로 끝나고 말았다. 실제로 민간 수송의 세계에 제트화 시대를 연 것은 미국 보잉사의 B707과 더글라스사의 DC-8이었다. 이는 군용기를 중심으로 축적된 미국의 항공기 제조 기술과 그 뒤 급속히 진보한 과학 기술이 제트기를 경제적이고 고성능인 상용기로 실용화시킨 것이었다.

1949년에 제트 수송기의 개발에 착수하였던 보잉사는 1,500만 달러의 예산으로 1952년 5월에 제트 수송기의 원형 제작을 마치고 본격적인 개발에 착수하는데 이것이 B367-80으로 뒷날 제트기 시대 개막의 주역이 된 B707의 선행(先行) 모델이었다. 보잉사는 이미 제트 폭격기에 대한 많은 경험을 가지고 있었기 때문에 이를 개발하는 데 드 하빌랜드사가 코멧의 개발에서 경험했던 것 같은 기술적인 불안은 거의 없었다. B367-80에는 프랫 앤 휘트니사가 개발하여 이미 B-52 폭격기에 사용한 제트 엔진을 민간 수송용으로 개조하여 사용하였다. 이 비행기는 1954년 5월 1일

보잉 4발 제트 여객기 B707
(다호메이, 현 베냉, 1963년)

Wikipedia

B-367-80

Wikipedia

보잉 4발 제트 여객기 B707
(부룬디, 1967년)

에 완성되어 같은 해 7월 15일에 첫 비행에 성공하였다. B707은 1975년 12월 20일 첫 비행을 하였고, 당시 미국의 대표적인 국제선 항공사인 팬암이 1958년 5월 30일에 뉴욕과 런던 사이를 잇는 노선에 처음 취항함으로써 제트기 시대를 개막하였다.

경쟁사인 더글라스사가 개발한 DC-8은 B707보다 11개월 늦은 1958년 10월 26일에 첫 비행을 하였다. 영국은 코멧 1형이 운항 중지된 후에도 2형과 3형을 개발하였으며 최후로 완성한 것이 코멧 4형인데 영국해외항공공사(BOAC)가 대서양 횡단 노선에

더글라스 4발 제트 여객기 DC-8
(산마리노, 1963년)

Los Angeles Public Library

1958년 10월 26일 DC-8의 첫 비행

드 하빌랜드 4발 제트 여객기 코멧 4형 (산마리노, 1963년)

취항시켰다. 코멧 4형은 모두 2대가 생산되었지만 탑재력, 항속 성능과 속도 같은 모든 면에서 미국이 개발한 제트기보다 뒤떨어졌다. 그래서 영국해외항공공사는 1965년에 보유하고 있던 19대의 제트기를 전부 퇴역시켰다. 이렇게 해서 영국은 제트기의 주도권을 완전히 미국에 빼앗기고 말았다.

Wikipedia

드 하빌랜드 코멧 4형

B707과 DC-8은 그 뒤에도 각종 새로운 모델을 개발함과 동시에 대량으로 생산되었다. 그러나 1973년 말의 석유 파동으로 항공 연료 가격이 급등함에 따라 연료의 소비 효율이 우수한 제트기가 출현하여 결국 생산이 중단되었다. B707이나 DC-8 말고도 제 1세대 제트기로서는 CV-880/990, 카라벨(Caravelle) 같은 것이 있다. 그 후에 개발된 제2세대 제트기는 1964년부터 1969년까지 전성기를 이루었는데 B727, VC-10, HS-121 트라이덴트(Trident), BAC-111, DC-9, B737, F-28 같은 것이 대표적이다. 제2세대 제트기는 터보팬 엔진의 실용화로 연료소비율이 크게 개선되었기 때문에 종래 장거리 노선에서만 경제성을 확보할 수 있었던 제트기가 중·단거리 노선에서도 경제성을 맞출 수 있게 되었다는 점에 의의가 컸다.

보잉 3발 제트 여객기 B727 (부룬디, 1967년)

Boeing

B727

비행의 세계를 바꾼 점보 여객기

거인기 개발에의 길을 연 것은 미국 국방성이었다. 1946년 초여름에 미 공군은 미국 본토의 대병력을 유사시에 아시아나 유럽의 각국으로 일거에 투입하기 위해 록히드, 보잉, 더글라스 같은 미국의 3대 항공기 제조 업체에 거인 수송기의 개발 계획(CX-HLS, Cargo Experimental-Heavy Logistic Support)을 제안하였다. 이는 45톤의 탑재력(Payload)을 갖추고 태평양을 무착륙 횡단할 수 있는 거인 수송기의 개발 계획이었다. 1965년 9월 치열한 수주 전쟁 끝에 결국 기체는 록히드사에서, 그리고 엔진은 GE사에서 만들기로 결정되었다. 이렇게 해서 개발된 것이 C-5A인데 월남 전쟁 말기에 긴급 수송을 하거나 제4차 중동 전쟁에서 이스라엘에 원조 수송을 할 때 혁혁한 실적을 남겼다.

보잉 4발 대형장거리 제트 여객기 B-747 점보 (니카라과, 1976년)

B707의 경우 동체 연장도 불가능한 데다가 군 수송용 거인기의 수주에 실패하였기 때문에 보잉사가 입게 된 영향은 심각했다. 그러나 보잉사는 초대형 군용 수송기인 CX-HLS를 계획했던 기술을 응용하여 민간용 장거리 대형 수송기를 개발했는데, 그 결과 완성한 것이 B747 점보기였다. B747은 객실의 길이가 1903년에 라이트 형제가 첫 비행을 했던 비행 거리보다도 길며, 수송력도 당시 사용되던 비행기의 2배 이상으로 대형화함으로써 수

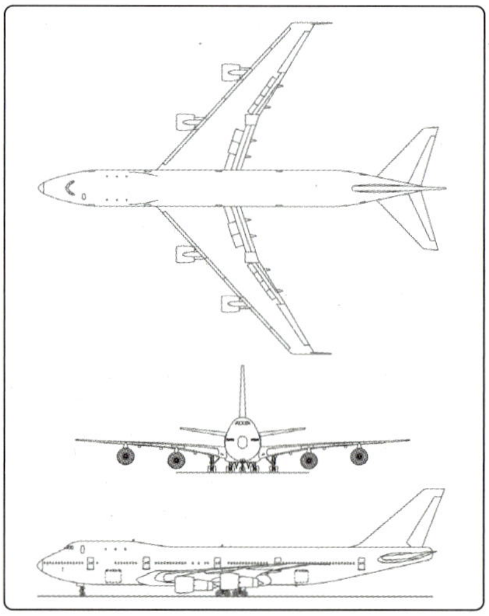
Wikipedia

보잉 4발 대형장거리 제트 여객기 B747 점보 (카메룬, 1981년)

1968년 9월 30일 처음으로 대중에게 공개되는 보잉 747

송 효율의 향상을 도모하였다. 속도도 아음속이지만 기존 비행기 대비 고속으로, 또 비행 고도를 높여서 혼잡한 항공로를 고속으로 비행한다는 것이 기본 구상이었다.

보잉사는 1965년 11월에 이 계획에 착수하였는데 개발비를 감당하기 위해서는 적어도 50대의 사전 수주가 필요했다. 다행히 팬암 항공이 25대를 발주하여서 쉽게 개발에 착수할 수 있었다. 1970년 1월 22일에 최초의 B747 항공기가 뉴욕과 런던을 잇는 정기선에 취항함으로써 항공기 역사상 또 하나의 새로운 시대를 열었다. B747과 함께 1970년부터 1974년 사이에 개발된 제3세대 제트기로서는 DC-10, L-1011, A300 같은 소위 광동체형(Wide Body) 제트기를 꼽을 수 있다. 1952년의 코멧기로부터 DC-9, B727을 거쳐 십수 년 동안에 진보한 이들 제3세대 제트기는 항공기 제작 기술의 정점을 이룬 제트 수송기라고 할 수 있다. 이 가운데에서 특히 B747은 안정성 확보에 대한 특별한 배려와 동체를 넓게 하는 등 설계면에서의 우수성, 그리고 광동체형 제트기의 개척자라는 점에서 지금까지도 높은 평가를 받고 있다.

B747은 민간 수송 목적 이외에도 다방면으로 광범위하게 이용되었다. 그 예로서 B747-200B를 개량한 E-4는 핵전쟁이 발생하

는 등의 국가 긴급상황 발생시에 공중에서 공중지휘소(NEACP)로서의 기능을 목적으로 개조되어 전략 공군에 배치되었다. 또 SCA(Shuttle Carrier Aircraft)는 1977년 1월 14일에 NASA가 테스트용 오비터인 엔터프라이즈호를 피기백(Piggy Back) 스타일로 B747 개조기의 등에 얹어서 비행하다가 분리하는 데 성공하여 스페이스 셔틀 계획에 중요한 역할을 수행하였다.

NASA

우주왕복선 궤도선을 탑재한 셔틀 캐리어 항공기

스페이스 셔틀 캐리어
(라이베리아, 1977년)

초음속 여객기의 개발

음속은 소리를 공기 중에서 전달하는 속도인데 기온에 따라 달라진다. 섭씨 15도의 해면상에서는 초속 340미터, 시속 1,225킬로미터이며 섭씨 영하 56.5도의 성층권에서는 초속 259미터, 시속 1,060킬로미터이다. 소리라는 것은 공기 속에서 생기는 작은 압력의 변화이기 때문에 비행기가 공기 중을 비행할 경우에 기체의 표면에 발생하는 작은 압력의 변화는 전부가 음속으로 공기 중의 여러 방향으로 전달해 간다. 이 때문에 비행기가 음속에 가까운 속도로 비행하면 기체 표면의 압력 분포가 급격하게 변화하여 충격파라는 현상이 일어난다.

초음속 여객기 콩코드(구 뉴 헤브리디스, 현 바누아투, 1968년)

제트기가 실용화되면서 충격파의 성질을 점차 알게 되었기 때문에 이 지식을 비행기의 설계에 반영하여 충격파를 극복할 수 있게 되었다. 또한 터보 제트 엔진은 프로펠러를 필요로 하지 않기 때문에 고속 비행에 적합할 뿐만 아니라 피스톤 엔진에 비해 훨씬 큰 추력을 낼 수 있는 특징을 지녔다. 그래서 프로펠러의 추력으로는 기대할 수 없었던 음속 돌파는 시간 문제였다.

BAE Systems

DH.108

Wikipedia

시험 비행 중인 DH.108

그리하여 예상보다 훨씬 빨리 제트기는 음속의 벽을 돌파했다. 제2차 대전이 끝난 다음해인 1946년 9월 27일 영국의 테스트 파일럿인 제프리 드 하빌랜드 주니어(Geoffrey de Havilland Jr.)는 DH. 108 제트 실험기를 조종하여 음속에 도전하였으나 음속에 도달한 순간에 공중 분해되어 추락사하고 말았다. 이 비행기는 대서양 횡단용으로 제작한 제트 엔진이 장착된 꼬리날개가 없는 삼각익 형태로 만들어졌는데 고속으로 비행할 때 공기 역학의 특성을 테스트하기 위한 비행에서 이러한 참사를 당한 것이다. 결국 2년 후인 1948년 9월에 존 데리가 조종하여 음속을 돌파하는 데 성공하였다.

Sport & General Press Agency

제프리 드 하빌랜드 주니어

USAF

F-100C

초음속 전투기
록히드 F-104 Starfighter
(UAE-움 알 쿠와인, 1973년)

그 뒤 1955년 미국 노스 아메리칸(North American)의 F-100C 전투기와 해군의 더글라스 F4D 전투기가 실용기로서 공식적으로 음속을 돌파했으며 3년 후에는 록히드 F-104와 콘베어 F106이 마하 2를 돌파하였다. 이들 초음속기는 큰 후퇴각의 얇고 강한 날개를 갖고 있었다. 마하 0.9의 속도밖에 낼 수 없었던 F-86 전투기는 날개의 후퇴각이 35도였지만 마하 1.4를 낼 수 있는 F-100의 날개는 후퇴각이 45도였고, 두께도 F-86의 절반에 불과했다. 또한 F4D는 삼각익을 사용하고 있는데 이것도 초음속으로 비행하는 데 많은 이점을 갖고 있었다.

Lockheed Martin

F-104

초음속 여객기 투폴레프 Tu-144
(쿠바, 1976년)

이와 같이 날개의 모양을 바꾸어 공기의 저항을 줄이는 것만이 아니라 제트 엔진의 추력을 증가시키기 위한 노력도 많이 행해졌다. 특히 제트 엔진의 배기가스에 연료를 한 번 더 분사하여 연소시키는 후연기(After Burner)를 사용하면 추력이 30퍼센트 이상 증가하기 때문에 음속을 돌파하기 위한 유력한 무기로 사용되었다. 초음속 비행이 생각보다 쉽다는 것을 알게 되면서 군용기는 물론 민간 여객기에도 초음속의 길이 열리게 되었다.

Tu-144

민간기 분야에서의 초음속기는 오랜 시험 끝에 소련의 Tu-144가 1975년 12월에, 영불 합작인 콩코드가 1976년 1월에 각각 정기노선에 취항했다. 다만 TU-144는 우편과 화물만을 수송했다. 1950년대 말에 영국과 프랑스 두 나라를 중심으로 초음속 여객기

초음속 여객기 콩코드
파리-리우데자네이루 첫 취항기념
(구 뉴 헤브리디스, 현 바누아투, 1976년)

콩코드 여객기

Archives municipales de Toulouse

의 개발이 계획되어 1962년에 영불 양국 간의 국제 협력하에 개발을 추진하는 조약이 체결되었다. 그 뒤 오랜 개발 기간을 거쳐서 1969년 첫 비행에 성공한 콩코드는 1976년 민간 여객기로서는 최초로 정기 운항노선에 취항하였다.

민간용 초음속 여객기의 탄생은 비행기가 하늘을 날기 시작하면서 예상되었던 하나의 숙명이었는지도 모른다. 음속 돌파라는 도전을 항공기 기술 개발의 지상 목표로 삼아 온 항공 과학자들이 라이트 형제가 첫 비행에 성공한 뒤 약 70년 동안 끊임없이 노력하여 초음속 비행을 가능하게 만들었다. 기술적으로 비행기의 속도를 더 빠르게 하는 것이 가능하며, 속도가 빨라질수록 세계는 더욱 더 좁아지고 인간의 활동 범위가 넓어지는 면이 있으나, 민간 여객기의 경우 경제적인 측면이나 환경상의 문제를 고려하지 않을 수 없기 때문에 단순한 문제는 아니다. 이제 초음속 비행은 기술적인 문제를 넘어 정말 초음속이나 극초음속 운송수단이 필요한지 선택하는 문제로 남아 있으며, 어느 쪽이 인간에게 이익인가가 판단의 기준이 될 것이다. 초음속기야말로 약 70년 되는 짧은 기간에 항공 기술을 발전시켜 온 인간의 승리를 상징하는 하나의 획기적인 산물이라고 할 수 있다.

초음속 여객기 콩코드
파리-뉴욕 첫 취항 기념
(베냉, 1977년)

10
무인기와 미래 항공

무인기(無人機; Uncrewed/Unmanned Aerial Vehicle, UAV)의 정의는 '유인기(有人機)'의 반의어로서 사람이 타지 않고 원격조종 혹은 자동으로 운용할 수 있는 항공기 일체를 지칭하는 것이다.

〈편집자 주〉 '무인기와 미래 항공'편은 이태원 선배님이 계셨으면 집필하셨을 주제라고 생각하여 엮은이 윤신이 추가로 작성한 내용이다.

USAF

미군이 운용 중인 MQ-1 프레데터

10 무인기와 미래 항공

최초의 드론

드론의 유래에 대해서는 정확하게 밝혀진 것은 없으나, 유인항공기가 처음 비행에 성공한 1903년 이전 이미 사람을 태우지 않은 무인기가 정찰용으로 사용된 기록이 있다. 하지만 그보다 더 빠른 1849년 7월 오스트리아에서 베니스를 공격할 목적으로 무인 풍선에 폭탄을 매달아 날린 것을 무인기의 시작이라고 주장하는 경우가 있다. 이는 원격으로 조종되지 않았다는 면에서 무인기의 시초라고 볼 수는 없고 무인 비행체의 시초라고 할 수 있겠다.

지상에서 조종이 가능한 드론이 개발된 것은 1차 세계대전 종료 후인 1916년 미국에서 공중표적기 개발 프로젝트인 'Aerial Target Project'를 진행하면서부터이다. 이어 1918년에 미 해군의 지원을 받은 Elmer Sperry가 Aerial Torpedo(Hewitt-Sperry Automatic Airplane 으로도 불리었음)라는 오늘날 순항미사일의 선구가 되는 비행체를 개발했다. 그러나 완벽한 조종이 되지 않아 목표물에 접근해 날개를 떨어뜨린 후 추락해 자폭하는 방식의 '가미카제식 무인기'로 적중률이 형편없어 실전 배치는 되지 못했다.

iStockphoto

1849년 7월 오스트리아군이 베네치아 공방전 당시 사용한 풍선폭탄의 모습을 그린 삽화

BAE Systems

▎퀸 비(Queen Bee)

RAF

▎퀸 비의 제어 시연 모습

제2차 세계대전을 거치면서 무인기는 중요한 전투무기로 발돋움했다. 영국에서는 훈련용 복엽기인 드 하빌랜드사의 DH.82 타이거 모스(Tiger moth)를 원격조종이 가능하도록 개조해 최초의 왕복 재사용 무인기 퀸 비(Queen Bee)를 개발하여 400대 이상을 양산했다. 퀸 비는 오늘날 드론(Drone)이라는 용어로 널리 불리는 무인표적기의 원조라 할 수 있다. 공항에서의 이륙을 위해 바퀴를 달았고, 바다에서도 사용하기 위해 플로트(float)를 장착했다.

미국에서도 무인표적기 개발에 착수하여 퀸 비와 비슷한 형태의 무인표적기를 15,000대나 생산해 전쟁에 투입하기 시작했다.

Imperial War Museums

▎1941년 영국에서 개발된 무선조종 드론인 퀸 비(Queen Bee) 드론의 시험비행에 참석한 윈스턴 처칠 수상의 모습

RCAF

▎타이거 모스

무인기의 명칭

무인기를 드론이라 부르게 된 계기는 명확하지 않다. 다만 추정하기로는 1935년 영국에서 퀸 비(여왕벌) 무인기를 개발할 당시에 수컷 꿀벌 또는 벌들이 웅웅거리는 소리를 뜻하는 드론(drone)이란 단어를 사용하면서 무인기를 지칭하는 용어가 된 것이 아닌가 하는 설(說)이 있다. 1936년경 미국에서 나온 원격조종 비행기에 대한 연구자료에도 드론이란 명칭이 등장한다.

BAE Systems

무인기의 또 다른 이름인 UAV(Unmanned Aerial Vehicle)라는 명칭이 널리 사용되기 전 20세기에는 주로 RPV(Remotely Piloted Vehicle)라고 불리기도 했다. 조종사가 전혀 필요 없는 것이 아니고 원격조종 비행체라면 RPV가 더 적절한 표현이지만 현재는 쓰이지 않는 명칭이다. 당시 RPV는 전투기나 폭격기에 매달고 비행하다 발진해 목표로 날아가도록 원격 조종하는 TV 유도 순항 미사일에 가까운 개념이었다.

US Army

2015년부터는 급격하게 RC(Radio Control) 멀티콥터가 취미로 각광받기 시작하였다. 대부분 이 RC 멀티콥터를 드론이라고 부르고 있다. 이 때문에 멀티콥터 형태의 무인기만을 드론으로 아는 경우도 있으나, 드론 문서에서 보면 알 수 있듯이 무인 항공기는 전부 드론이다. 미 공군이 운용 중인 스텔스 무인기 RQ-180, 록히드마틴에서 개발 중인 마하 6의 극초음속 전략정찰기 SR-72도 드론이라 할 수 있다.

Lockheed Martin

록히드마틴에서 개발 중인
극초음속 전략정찰기 SR-72

무인기의 용도

과거에는 무인기가 십중팔구 군용으로만 쓰였으나 최근에는 민간용으로도 점차 사용영역이 넓어지는 추세다. 물론 취미용 RC 멀티콥터 시장은 이전부터 있었지만 보통 이것은 무인기로 인정해 주지 않았고, 최소한 기본적인 자동비행시스템 정도는 들어가야 무인기로 인정해 주었다. 그런데 전자적 제어장치 및 자세감지 센서 등이 저가화, 소형화되면서 민간용 무인기가 항공촬영, 농업 등 다양한 분야에서 활용되는 상황이 되었다. 구글과 아마존 등 기업들은 이러한 무인기를 소형물건의 택배 수송용으로 사용하는 시도도 지속하고 있다.

USAF

MQ-9 리퍼

현대의 무인기는 본체 자체에는 조종사가 타지 않고 외부에서 무선 조작으로 통제하는 병기를 일컫는다. 따라서 유인기처럼 이러한 무인기들의 운용에도 조작을 맡을 파일럿(pilot)이 필요하다. 물론 기본적인 조작이라든가 하는 부분을 컴퓨터의 보정에 맡기기는 하지만, 인간의 비중이 높다는 점에서 아직 무인기가 갈 길은 멀다고 할 수 있다.

USAF

완전한 무인 운용을 실행하려면 고수준의 인공지능을 탑재하여 사람의 통제 없이도 스스로 사고하여 판단을 내릴 수 있어야 하겠지만, 인공지능 기술의 한계 때문에 아직은 병기의 조작에는 사람이 반드시 필요하다. 추후 기술적 문제가 해결된다고 해도 각종 윤리적 문제를 고려해 보면 조작에 사람이 전혀 개입하지 않는 무인기는 앞으로 당분간은 존재할 수 없을 것이라고 보인다. 다만 자신의 생명과 상대의 생명을 저울질해야만 하는 인간 병력과 달리 무인기는 아무리 비싸더라도 인명에 비할 수는 없기 때문에 이러한 판단이 필요 없어 주저없이 희생시켜버려도 상관없으므로 오히려 윤리적으로는 훨씬 나은 군대가 될 수도 있다.

역사상 중요한 역할을 한 무인기

무인기의 역사는 비행기의 역사와 비슷할 정도로 의외로 길다. 오랜 무인기의 역사 속에서 중요한 역할을 한 기종들을 소개한다.

● 최초의 드론인 케터링 버그

발사 준비 중인 케터링 버그

1918년에 개발된 자폭 드론이자 비행 폭탄인 케터링 버그(Kettering Bug)는 원시적인 태양전지와 자이로스코프(gyroscope)를 이용한 자동조종장치로 최대 120킬로미터를 날 수 있었다. 하지만 당시 기술력의 한계로 목표물로 가는 것이 아니라 제멋대로 날아가는 등의 문제가 계속 발생하면서 실전 투입을 제대로 하지 못한 무인기이다.

● 대공사격 연습용 OQ-2

대공포의 사격 연습을 위한 표적으로 사용된 이 무인기는 미국이 최초로 대량 도입한 드론이다. 1941년에 도입된 후 2차 세계대전 중에 약 9,400여 대가 생산되었으며, 파생형을 다 합치면 15,000대가 생산되었다.

또한 이 무인기는 세기의 스타인 마릴린 먼로가 생산 공장에서 일했던 것으로도 유명하다. 그녀는

US Army

OQ-2 생산 공장에서
마릴린 먼로

당시 노마 진 모텐슨이라는 이름으로 OQ-2 드론의 페인트칠을 담당했었는데, 그녀가 일하는 사진이 잡지에 실린 것이 세계적 스타가 되는 계기가 되었다고 한다.

● 드론의 무기화 가능성을 연 BQM-34 파이어비

1952년부터 생산된 제트추진 방식의 BQM-34 파이어비(Firebee) 무인표적기는 베트남 전쟁에서 2,500대 이상 투입되면서 무기로서 드론의 활용 가능성을 활짝 여는 역할을 하였다. 본래 임무인 표적 역할만이 아니라 격추를 당해도 인명 피해가 없다는 드론의 장점을 활용하여, 카메라를 장착하여 정찰용으로 쓰거나 전투기인 척하고 월맹군이 지대공 미사일을 자신에게 쏘게 해서 미사일을 소모시키는 역할도 담당했다.

US Navy

BQM-34 파이어비 무인표적기

● 자체 무장을 시도한 MQ-1 프레데터

MQ-1 프레데터(Predator)는 1995년에 도입된 정찰용 드론으로, 헬파이어 미사일 장착을 시도하면서 유명해졌다. 당시까지 드론은 자체 무장이 되지 않아 표적을 발견하더라도 제거하려면 근방에 있는 전투기에 공격 지원을 요청해야 했다. 하지만 전투기가 항상 근방에 있을 리가 없고 지원하러 오는 데도 시간이 걸리기

때문에 표적을 발견했음에도 제거하지 못하고 놓치는 경우가 있었다. 그래서 미국은 프레데터가 표적을 발견 즉시 제거할 수 있도록 미사일 2발을 장착하여 무장하는 개조를 했고, 이때부터 드론은 소모품에서 킬러로 재탄생하게 되었다. 아프칸 전쟁에서 알카에다 고위 군사령관 모하메드 아테프를 이 무인기로 공격하여 사살하였다.

USAF

USAF

비행 전 점검 중인 MQ-1 프레데터

고고도 무인기 시대를 연 RQ-4 글로벌 호크

노스롭그루먼사가 1995년부터 개발에 착수한 무인정찰기인 '글로벌 호크(Global Hawk)'는 첨단 항전장비를 탑재하고 고고도 장기 체공 비행이 가능하도록 설계 되었다. 초도비행은 1998년 2월에 실시되었으나, 개발 중인 2001년 발생한 9.11 테러 때문에 미 정부가 '테러와의 전쟁(Global War on Terrorism)'을 시작함에 따라 중동 지역 환경에 맞춘 최적화 작업을 실시하였다.

USAF

USAF

RQ-4 글로벌 호크는 터보제트 엔진을 장착하여 속도도 빠르고 높은 고도에서 운용 가능한 정찰용 무인기이다. 최고속도 시속 629킬로미터, 순항속도 시속 575킬로미터로 20,000미터 고도에서 해상도 0.3미터 정도로 정밀한 촬영이 가능하며, 24시간 동안에 22,224킬로미터 비행이 가능한 고고도 장거리 대형 무인기이다.

글로벌 호크는 UAV와 관련한 다양한 기록을 수립한 바 있다. 우선 2001년 4월 24일에는 미국의 에드워즈 공군기지에서부터 오스트레일리아의 에든버러(Edinburgh) 공군기지까지 논스톱으로 22시간 동안 비행하며 무인항공기의 최장거리 비행 신기록(13,219.86킬로미터)을 수립했으며, 2008년 3월에도 에드워즈 공군기지에서 중간 급유 없이 고도 18,000미터에서 33.1 시간 동안 비행하며 무인항공기의 최장시간 비행기록을 달성했다.

우리나라의 무인기

KAI

RQ-101 송골매

우리나라의 무인기 역사는 30년 정도다. 우리의 무인기 개발은 해외와 마찬가지로 민간용 보다는 군사적 목적으로 시작되었다. 1970년대 지대공 미사일의 표적용 무인기를 시작으로 1990년대에는 군단급 무인기인 RQ-101 송골매, 사단급 무인기인 KUS-9, 대대급 무인기인 리모아이 무인기 등의 체계개발 사업을 통해 저고도 정찰용 무인기 시스템의 독자 개발 능력을 보유하게 되었다.

RQ-101 군단급 무인기
한국의 항공기 시리즈 중
(대한민국, 2021년)

KAI

KAI

우리나라 군사용 무인기의 효시는 국방과학연구소(ADD)와 대우중공업(현 한국항공우주산업)이 개발한 RQ-101 송골매다. 2000년에 RQ-101 송골매의 개발을 완료함으로써 우리나라는 독자 개발 무인기를 운용한 세계 10개국의 반열에 오르게 된다.

RQ-101 송골매는 군단급 정찰기로 군단의 핵심 표적을 획득, 제공하는 역할을 한다. 적 중심 지역의 인원, 시설, 장비 등 고정 및 이동표적에 대한 주야간, 실시간 영상정보 수집을 담당한다. 특히 포병의 사격정보 수집 임무를 주로 수행한다. 이착륙 방식은 활주로에서 외부 조종사가 이착륙을 시키는 수동 방식을 채택했다. 트럭에 장착된 발사대에서 이륙하고 비상시엔 낙하산으로 착륙도 가능하다. 작전 반경 110킬로미터, 고도 4.5킬로미터까지 상승할 수 있으며, 6시간 동안 체공할 수 있다. 임무장비로 전자광학(Electro Optic, EO) 및 적외선(InfraRed, IR) 카메라가 장착됐다. 또 실시간으로 원격조종과 프로그램에 의한 자동항법 비행이 가능하여 통신이 두절되었을 때 자동 귀환이 가능하다.

대한항공

| KUS-9 사단급 무인기

대한항공

KUS-9 사단급 무인기는 2000~2004년 대한항공 주도로 개발되었으며, 2020년 현재 양산이 진행 중이다. 무인기 및 관련 모든 장비를 트럭에 탑재해 필요한 지역으로 이동할 수 있고, 이륙에서부터 착륙까지 전자동 임무 수행이 가능하다. 또한 비행체 2대의 동시 비행이 가능하며 24시간 연속 임무 수행도 할 수 있다. 고도 4킬로미터까지 상승할 수 있으며 8시간 동안 체공하면서 주야간 25킬로미터 거리를 감시할 수 있다.

리모아이 002B 대대급 무인기는 무인기 전문업체 유콘시스템에서 제작한다. 육군이 2015년부터 실전에 배치한 무인정찰기로 무인기 4대와 통제시스템 1개가 1세트다. 대대급 무인기는 중량이 3.4킬로그램으로, 전투원이 손으로 공을 던지듯 던져서 이륙시

| 리모아이 002B 대대급 무인기

유콘시스템

킬 수 있다. 임무 비행이 끝나면 에어백 방식으로 착륙하며, 다시 이륙하는 데 필요한 시간은 5분 정도면 충분하다. 리모아이 002B는 전투원 혼자 다룰 수 있으나, 보통 2인 1조로 운영한다. 작전 운용 거리는 10킬로미터로, 육군은 이 무인기를 주야간 감시용으로 활용하고 있다.

국방일보

육군은 차기 군단급 정찰용 무인기를 개발하고 있다. 2012년 10월에 한국항공우주산업(KAI)을 우선 협상대상자로 선정하여 개발 사업을 진행해 왔다. 차기 군단급 무인기는 RQ-101 송골매 대비 체공 시간과 작전 반경이 2배에 달하며 SAR(Synthetic Aperture Radar)를 장착하여 표적 위치 추적 기능도 갖추게 된다.

차기 군단급 정찰용 무인기
국방과학연구소 창설 50주년 기념
(대한민국, 2020년)

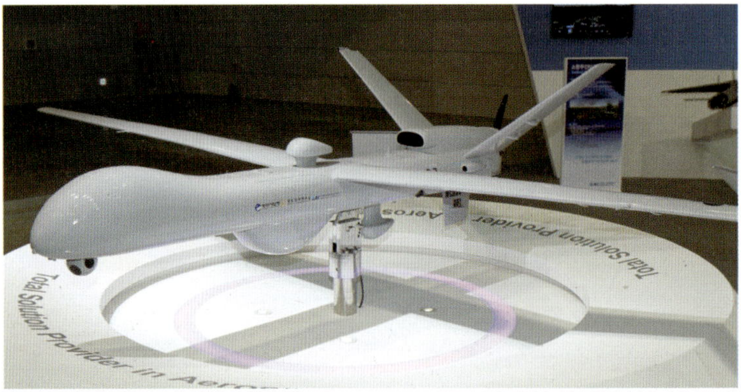

월간항공
차기 군단급 정찰용 무인기

현재 육군은 차기 군단급 무인기 배치 전까지 그 공백을 메우기 위해 이스라엘 IAI사에서 제작한 무인기 헤론(Heron) 3대를 도입해 운용 중이다. 헤론은 최대 50시간 비행이 가능하며 작전 반경은 240킬로미터에 달한다. 헤론은 서북도서 지역과 북방한계선(NLL) 감시 임무를 수행한다.

IAI
헤론

민간용 무인기는 군용 무인기 사용이 확대되면서 관련 기술력이 축적되면서 무인기 제작 기술이 민간 부문으로 확대되는 스핀오프(Spin-off)가 일어남에 따라 다양한 크기, 성능, 목적을 가진 상업용, 취미용 무인기가 민간 시장에 등장하고 있다.

미래의 항공, UAM (Urban Air Mobility)

Joby Aviation

도심항공교통(UAM)은 항공기를 활용하여 사람과 화물을 운송하는 도시 교통체계를 의미한다. UAM 체계에는 항공기 기체뿐만 아니라 항공관제, 이착륙 시설, 교통서비스 플랫폼 등이 모두 포함된다. 수직이착륙(VTOL, Vertical Take Off and Landing)이 가능한 개인 항공기(PAV, Personal Air Vehicle), 에어 택시, 또는 대중교통 서비스 등이 UAM이 될 수 있다.

UAM의 등장은 거대 도시화로 인해 초래되는 교통 혼잡으로 거주자들의 이동 효율 저하 및 물류 운송비 등 사회적 비용 급증을 해소할 수 있는 수직이착륙이 가능한 항공기를 활용해서 활주로 없이 도심 내 이동을 가능하게 하자는 혁신적 사고에서 비롯되었다.

Airbus

| 에어버스가 개발 중인 UAM '시티에어버스'

UAM이 충족해야 하는 가장 중요한 요건은 안전사고 예방이다. 이를 위해서는 여러 개의 로터를 독립적으로 구동할 수 있는 추진 기술이 필요하다. 개별 로터에 문제가 생겨도 다른 로터가 지속적으로 구동되기 때문에 안전하게 비행할 수 있기 때문이다. 그 다음은 소음 저감이다. 헬리콥터보다 작은 로터를 사용하고, 이착륙·주행 등 비행 상황에 따라 필요한 로터만 작동시킴으로써 소음 발생을 최소화할 수 있다. 또한 비상상황에 대비한 낙하산 전개 시스템도 구비되어야 할 것이다.

Vertical Aerospace

Airbus

UAM 기체가 주로 멀티콥터 형태로 개발되는 것은 멀티콥터가 조종 응답성과 안정성이 우수하여 고층빌딩이 많은 도심에서 활용하기 안전하고, 블레이드의 길이를 짧게 만들어서 소음을 줄일 수 있기 때문이다. 수직이착륙기의 특성상 큰 질량을 감당하기 어렵기도 하고, 많은 인원을 수송하기보다 빠르게 이동하는 것이 UAM의 목적에 더 부합하기 때문에, 2020년대 초반 기준으로는 수용 인원이 적은 개인 항공기나 택시 수준의 규모의 UAM 항공기 개발이 주로 이루어지고 있다.

Postage Stamp Collection

이태원의 항공기 우표 모음집

Illustrated by **Sarah Lee** (granddaughter)

故 이태원 선생님은 항공운송산업에 몸담은 35년간 15,000여 장의 항공우표를 수집했다. 과거 공상시대의 비행기에서부터 현대적인 비행기에 이르기까지 그야말로 인류의 비행기 역사를 우표로 엮어냈다. 이 공간은 본문에서 담아내지 못한 다양한 우표를 조금이나마 더 담아내기 위해 마련한 별도의 컬렉션 공간이다. 아울러 故 이태원 선생님이 운영하셨던 '그레이트 스카이 사이버 항공박물관(www.greatsky.co.kr)'을 방문하면 더 다양한 우표와 비행기 발달사를 만나볼 수 있다.

공상비행의 시대

새처럼 하늘을 자유로이 날고 싶다는 염원은 인류의 오랜 꿈이었다. 하지만 비행에 대한 지식이 부족했던 탓에 비행에 대한 꿈은 오랫동안 공상과 전설에 머물 수밖에 없었다. 그러던 중 레오나르도 다 빈치 등이 새를 모방한 날개를 설계하는 등 비행을 위해 수많은 시도가 있었지만, 실제로 비행할 수 있는 비행이론의 진보에는 아무런 공헌을 하지 못했다.

● 고야의 인간비행 판화(스페인, 1930년)

● 고야의 인간비행 판화(스페인, 1930년)

● 라파엘의 천사(핏케언, 1982년)

● 하늘을 날고 있는 아이리스(프랑스, 1946년)

● 하늘을 날고 있는 태양의 마차(프랑스, 1946년)

● 고대 그리스 신화 북동풍의 신 카이키아스(그리스, 1942년)

● 고대 그리스 신화 남동풍의 신 에우로스(그리스, 1942년)

● 크레타섬을 날아 탈출하고 있는 이카로스 (캐나다, 1935년)

● 비행하고 있는 이카로스(탄자니아, 1984년)

● 하늘을 날고 있는 아이리스
(그리스, 1935년)

● 날개를 달고 비행하는 이카로스
(헝가리, 1924년)

● 비행 상징(브라질, 1959년)

● 비행 상징(스위스, 1923년)

● 레오나르도 다 빈치와 헬리콥터
(리히텐슈타인, 1949년)

Public Domain

다이달로스와 이카로스

● 레오나르도 다 빈치의 헬리콥터
(소말리아, 1977년)

● 레오나르도 다 빈치의 나사 원리를
이용한 헬리콥터(산마리노, 1977년)

● 레오나르도 다 빈치와 오니솝터 스케치
(캄보디아, 1987년)

비행 역사의 출발, 열기구

하늘을 날고 싶은 인간의 욕망이 공상과 전설에 머물렀던 시대를 지나 실제로 하늘을 날 수 있게 된 것은 18세기에 와서야 마침내 이뤄졌다. 다름 아닌 뜨거운 공기를 이용하면 하늘을 날 수 있다는 사실을 발견하면서부터다. 바로 열기구의 발명이다. 특히 1783년 6월, 프랑스의 몽골피에 형제가 세계 최초로 열기구 비행에 성공하면서 인류의 비행 역사가 마침내 시작됐다.

● 몽골피에의 동물비행 기구
(리비아, 1983년)

● 최초의 유인비행 몽골피에 기구
(르완다, 1984년)

● 최초의 유인비행 200주년 기념
(세인트 빈센트 그레나딘, 1983년)

● 최초의 유인 열기구 200주년 기념
(라오스, 1983년)

● 최초의 유인비행 몽골피에 기구
(바레인, 1971년)

● 블랑샤르식 수소기구
(리비아, 1983년)

● 유인비행 발명 200주년 기념
(월리스푸투나, 1983년)

● 기구에 의한 우편비행(프랑스, 1971년)

● 우편기구 출발(튀니지, 1955년)

USAF Academy

몽골피에 열기구

● 찰스 그린의 로얄 복스홀 기구
(몽골, 1982년)

● 열기구 루나르디II
(상투메 프린시페, 1979년)

● 존 와이즈의 애틀랜틱호
(상투메 프린시페, 1979년)

● 열기구(폴란드, 1986년)

● 기구비행(멕시코, 1962년)

● 뮌헨 10월 축제 기념 기구(독일, 1978년)

● 기구 비행(헝가리, 1974년)

● 1924 사비츠키 비행 기념
(구 소련, 현 러시아, 1956년)

기구에서 비행선으로

인류가 열기구로 처음으로 하늘을 날 수 있게 됐지만, 이동은 바람에 의존할 수밖에 없었다. 그러던 중 19세기 말 가솔린 엔진의 발명은 열기구가 비로소 조종이 가능한 동력 비행장치로 발전할 수 있는 계기가 됐다. 그리고 1852년 9월, 프랑스의 앙리 지파르가 증기엔진과 프로펠러가 장착된 비행선을 발명하면서 인류 최초로 동력을 사용해 조종이 가능한 비행선이 탄생하게 됐다.

● 오스트리아 항공 선구자 슈바르츠와 비행선(헝가리, 1977년)

● 로알드 아문젠과 북극탐험 비행선 노르웨이호(구 소련, 1972년)

● 에펠탑 일주비행을 시도하는 산토스 뒤몽의 비행선(루마니아, 1978년)

● 연식 비행선(상투메 프린시페, 1979년)

● 연식 비행선(상투메 프린시페, 1979년)

● 연식 비행선(상투메 프린시페, 1979년)

● 체펠린 비행선(베트남, 1990년)

● 연식 비행선 유인비행 200주년 기념(세인트 빈센트 그레나딘, 1993년)

● 체펠린 비행선의 곤돌라(독일, 1938년)

● 체펠린과 LZ-2 비행선(헝가리, 1988년)

● 체펠린 비행선 LZ 127(콩고 공화국, 1977년)

● 체펠린 경식 비행선(코트디부아르, 1977년)

● 체펠린 LZ 127(코트디부아르, 1977년)

● 체펠린 LZ 10(코트디부아르, 1977년)

● 그리스 신전 상공을 비행하고 있는
체펠린 비행선(마다가스카르, 1976년)

● 제1차 세계대전에 활약한 영국 해군 비행선
R-23(몰디브, 1977년)

● 아우구스트 세베로의 비행선
(브라질, 1929년)

Public Domain

| LZ 127 그라프 체펠린 비행선

비행기의 등장

비행선의 실용화로 동력비행에 필요한 엔진과 양력 발생에 필요한 고정된 날개, 그리고 조종성과 안전성을 확보하는 방법들이 발견됐다. 이 덕분에 공기보다 무거운 비행장치로도 자유롭게 하늘을 날 수 있는 여건이 조성됐다. 그리고 1903년 12월 17일, 미국의 라이트 형제가 주날개와 동력장치, 프로펠러로 구성된 비행장치로 하늘을 날면서 인류 최초의 동력 비행기가 탄생했다.

● 윌버, 오빌 라이트 형제와 플라이어 1호(루마니아, 1978년)

● 라이트 형제와 플라이어 1호(가봉, 1978년)

● 라이트 형제와 플라이어 1호(미국, 1949년)

● 라이트 형제와 플라이어호(미국, 1978년)

● 라이트 형제와 플라이어호(미국, 1978년)

● 최초의 동력비행기 플라이어 1호(세이셸, 1976년)

● 라이트 1904(산마리노, 1962년)

● 라이트 플라이어 1호(기니, 1979년)

● 라이트 플라이어 1호(상투메 프린시페, 1979년)

● 최초의 동력비행기 플라이어 1호
(니우에, 1983년)

● 라이트 플라이어 1호(안티구아, 1978년)

● 라이트 플라이어와 엔진(안티구아, 1978년)

Wright State University

| 라이트 형제의 플라이어 1호

● 라이트 플라이어 3호(안티구아, 1978년)

● 라이트 형제의 최초의 동력비행 성공
90주년 기념(콩고 공화국, 1993년)

● 추락한 라이트 동력 비행기(토고, 1978년)

● 라이트 형제의 플라이어 A호
(니카라과, 1978년)

● 플라이어 A호를 조종 중인 오빌 라이트
(니카라과, 1978년)

● 항공 르네상스 시대

라이트 형제가 1903년 처음으로 동력 비행에 성공한 후로부터 제1차 세계대전이 발발하기 전까지의 11년은 근대 기계 문명의 성장기로 과학기술 개발에 집중된 시기였다. 특히 세계 항공계는 브와쟁기, 앙리 파르망기, 커티스기, 앙투와네트기 등 '항공 르네상스 시대'라고 불릴 정도로 다양한 비행기가 제작되면서 놀랄 만한 발전을 이룩한 시기였다.

● 산토스 뒤몽과 14-비스
(중앙 아프리카, 1977년)

● 산토스 뒤몽과 14-비스 유럽 최초 동력비행 성공
(모나코, 1974년)

● 산토스 뒤몽과 14-비스 복엽기
(브라질, 2000년)

● 뒤몽의 단엽기 드모아젤(캄보디아, 1993년)

● 산토스 뒤몽의 14-비스 복엽기
(브라질, 1956년)

● 산토스 뒤몽의 14-비스
(브라질, 1933년)

● 부아쟁-파르망(산마리노, 1962년)

● 앙리 파르망과 파르망 III(몽골, 1978년)

● 부쿠레슈티를 방문한 블레리오
(루마니아, 1978년)

● 블레리오와 동력비행기 라 망슈
(헝가리, 1978년)

The Library of Congress

| 산토스 뒤몽의 항공기 14-bis

● 블레리오 11형 단엽기
(가봉, 1973년)

● 블레리오 11형 단엽기
(산마리노, 1962년)

● 러시아의 초기 비행기
(구 소련, 1974년)

● 러시아의 초기 비행기
(구 소련, 1974년)

● 러시아의 초기 비행기
(구 소련, 1974년)

● 러시아의 초기 비행기
(구 소련, 1974년)

● 러시아의 초기 비행기
(구 소련, 1974년)

전쟁이 발달시킨 항공기술

하늘을 날고 싶다는 욕망으로 탄생한 비행기는 항공기술이 발전하면서 전쟁무기로 사용되기 시작했다. 비행기가 처음 전쟁에 등장한 멕시코 혁명(1911년)을 시작으로 이탈리아-튀르키예 전쟁(1911년), 발칸 전쟁(1912년), 미국-멕시코 전쟁(1914년), 그리고 1차 세계대전(1914~1918년)으로 이어졌고, 특히 2차 세계대전(1939~1945년)에서는 무서운 무기로서 위력을 발휘했다.

● 블레리오 전투기(우루과이, 1974년)

● 브레게 전투기(적도 기니, 1979년)

● 코드론 전투기 G.3(지브롤터, 1978년)

● 제1차 세계대전 폭격기 파르망 MF.11
(UAE-움 알 쿠와인, 1969년)

● 드 하빌랜드 폭격기 DH. 4
(라오스, 1996년)

● 뉴포르 전투기(적도 기니, 1979년)

● 라이트 A형(적도 기니, 1979년)

● 커티스 전투기 P-40 워호크
(피지, 1981년)

● PBY-5 카탈리나 비행정
(피지, 1981년)

● 리퍼블릭 P-47 선더볼트
(적도 기니, 1974년)

● 록히드 P-38 라이트닝
(적도 기니, 1974년)

● 슈퍼마린 스핏파이어
(서사하라, 1995년)

● 옥스포드 전투기(서사하라, 1993년)

● 핸들리 페이지 중폭격기(서사하라, 1996년)

● 일류신 Il-2 슈투르모빅(쿠바, 1995년)

| 한국전쟁에 참여한 SAAF 소속 F-51D

● 미코얀 구레비치 MiG-3
(서사하라, 1995년)

● 폭격기 PZL P.11C
(폴란드, 1972년)

● 근대 항공 수송의 개막

두 번의 세계대전을 통해 기술적으로 크게 발전한 비행기는 군사적 목적뿐 아니라 여객이나 우편물을 수송하는 새로운 교통수단으로 활용되기 시작했다. 이후 군사용이 아닌 민간 수송용 비행기가 개발되면서 국가와 도시 간을 잇는 항공 노선망도 구축됐다. 특히 항공기술의 급속한 발전에 따라 음속에 가까운 속도로 비행하는 제트기가 개발돼 민간 항공 수송의 획기적인 발전이 이뤄졌다.

● 더글라스 쌍발 수송기 DC-2
(칠레, 1941년)

● 더글라스 쌍발 수송기 DC-3
(건지, 1973년)

● 더글라스 쌍발 수송기 DC-3
(솔로몬 제도, 1976년)

● 더글라스 쌍발 수송기 DC-3
(파푸아뉴기니, 1970년)

● 더글라스 쌍발 수송기 DC-3
(세인트 빈센트 그레나딘, 1970년)

● 드 하빌랜드 프로펠러 수송기 DH. 86
(영국 채널 제도 저지, 1973년)

● 드 하빌랜드 프로펠러 수송기 DH. 89
(건지, 1973년)

● 더글라스 4발 수송기 DC-4
(중앙아프리카, 1967년)

● 더글라스 4발 수송기 DC-4
(지부티, 1983년)

● 더글라스 4발 수송기 DC-7
(덴마크, 1981년)

● 록히드 4발 수송기 컨스텔레이션
(인도, 1947년)

● 록히드 4발 수송기 슈퍼 컨스텔레이션
(몰디브, 1996년)

● 4발 수송기 빅커스 비스카운트
(아일랜드, 1959년)

| 웨스턴 항공 보잉(Boeing) 707-720B

● 포커 쌍발 터보프롭 수송기 F 27
(튀르키예, 1967년)

● 록히드 쌍발 수송기 L-188
(뉴질랜드, 1974년)

● 호커 시들리 터보프롭 수송기 748
(말라위, 1972년)

● 호커 시들리 터보프롭 수송기 748
(세인트 빈센트 그레나딘, 1970년)

음속을 돌파하게 만든 제트엔진

1903년 라이트 형제가 최초의 동력 비행에 성공한 지 불과 40여 년 만에 동력기관은 왕복피스톤 엔진에서 제트엔진 시대로 발전했다. 특히 1949년 세계 최초의 제트 여객기인 코멧 1호기가 제트 여객기 시대를 개막한 이후 1970년에는 점보제트기(보잉 747)가 상용화됐고, 1976년에는 초음속 여객기(콩코드)가 상용화되는 등 제트 여객기의 전성시대가 열렸다.

● 드 하빌랜드 4발 제트 여객기 코멧 4형(영국 룬디, 1954년)

● 드 하빌랜드 4발 제트 여객기 코멧 4형(아르헨티나, 1959년)

● 드 하빌랜드 4발 제트 여객기 코멧 4형(몰디브, 1994년)

● 드 하빌랜드 4발 제트 여객기 코멧 4형(우간다, 1967년)

● 보잉 4발 제트 여객기 B707 (벨기에, 1959년)

● 더글라스 4발 제트 여객기 DC-8 (차드, 1970년)

● 카라벨 쌍발 제트 여객기 (벨기에, 1963년)

● BAC 쌍발 제트 여객기 BAC 111 (폴란드, 1979년)

● 보잉 3발 제트 여객기 B727 (파푸아뉴기니, 1970년)

NASA

▎브리티시 항공의 콩코드 초음속 여객기

● 더글라스 쌍발 제트 여객기 DC-9
(불가리아, 1990년)

● 보잉 쌍발 제트 여객기 B737
(몰디브, 1984년)

● 에어버스 쌍발 제트 여객기 A300B
(지부티, 1980년)

● 더글라스 3발 제트 여객기 DC-10
(가봉, 1973년)

● 맥도널 더글라스 3발 제트 여객기
MD-11(캄보디아, 1991년)

● 보잉 4발 대형장거리 제트 여객기 B747
(카메룬, 1981년)

● 보잉 4발 대형장거리 제트 여객기 B747
(베트남, 1992년)

● 초음속 여객기 콩코드
(오스트리아, 1977년)

아름다운 항공우표

우표는 단순히 우편물에 붙이는 증표로서의 기능을 제공할뿐만 아니라, 미적인 측면에서 아름다움을 제공하기도 한다. 특히 비행기를 미적인 소재로 활용한 우표들은 흔치 않은 것으로, 우표 수집가들에게는 수집의 재미를 더해준다. 한 마디로 손바닥에 놓일 수 있는 작은 예술품을 수집하는 셈이기 때문이다.

● 아름다운 항공우표(아일랜드, 1978년)

● 카프로니 수송기 Ca.101
(에리트레아, 1934년)

● 아름다운 항공우표(유고슬라비아, 1947년)

● 아름다운 항공우표(유고슬라비아, 1947년)

● 아름다운 항공우표(스페인, 1945년)

● 아름다운 항공우표(레위니옹, 1937년)

● 부다페스트 상공의 비행기
(헝가리, 1958년)

● 아름다운 항공우표(스페인, 1926년)

● 아름다운 항공우표(우루과이, 1924년)

● 아름다운 항공우표(미클롱, 1944년)

● 아름다운 항공우표(이집트, 1943년)

● 아름다운 항공우표(산마리노, 1946년)

● 아름다운 항공우표(산마리노, 1946년)

● 아름다운 항공우표(중국, 1946년)

● 아름다운 항공우표(이스라엘, 1970년)

● 아름다운 항공우표(헝가리, 1938년)

● 아름다운 항공우표(리투아니아, 1921년)

Wikipedia

카프로니 CA. 101

군용기를 소재로 한 우표

항공우표가 비행의 역사와 민간항공기를 소재로 많이 발행됐지만, 그에 못지않게 군용기를 소재로 한 우표들도 제법 발행됐다. 손바닥보다 작은 공간에 그려진, 넓은 하늘을 힘차게 가르고 비행하는 군용기의 용맹스러운 모습은 군용기 마니아들도 탐낼 만한 아이템이다. 더구나 미적인 측면에서도 전혀 부족하지 않아 시선을 잡아끈다.

● 제트 전투기 F-86 Sabre
(니카라과, 1954년)

● 미스테르 제트 전투기(이스라엘, 1967년)

● 아브로 벌컨 전략폭격기
(UAE-움 알 쿠와인, 1969년)

● F-4 팬텀(서사하라, 1996년)

● 이스라엘 전략 폭격기(이스라엘, 1962년)

● 다쏘 미라지 전략폭격기(서사하라, 1996년)

● 미그-21제트 전투기(폴란드, 1963년)

● MiG-23(서사하라, 1996년)

● EMB 326 Xavante(브라질, 1971년)

● 제트기와 매(캄보디아, 1993년)

● 1920년대 전투기 시스킨 3A
(영국 채널 제도 저지, 1975년)

● 1920년대 군용기 사우샘프턴 1
(영국 채널 제도 저지, 1975년)

RAF

| 영국 공군 소속 벌칸 폭격기

● 제트 전투기 나트 T.1
(영국 채널 제도 저지, 1975년)

● 제1차 세계대전 전투기 스패드 S.XIII
(적도 기니, 1974년)

● 제1차 세계대전 전투기 블레리오 11
(UAE-움 알 쿠와인, 1969년)

● 제1차 세계대전 전투기 포커 Dr.I
(적도 기니, 1974년)

● 전략 폭격기(UAE-움 알 쿠와인, 1972년)

우리나라의 항공우표

항공우표는 외국의 전유물이 아니다. 남북한을 통틀어 우리나라에서도 비행기를 소재로 한 항공우표가 제법 발행됐다. 특히 우리나라의 항공우표는 민항기의 도입과 항공사, 공군 역사의 한 부분을 볼 수 있는 항공역사 자료이기도 하다.

● 4발기와 지구(대한민국, 1947년)

● 더글라스 DC-3 쌍발 여객기(대한민국, 1953년)

● 더글라스 DC-3 쌍발 여객기(대한민국, 1953년)

● 더글라스 DC-4와 동대문(대한민국, 1954년)

● 더글라스 DC-4와 동대문(대한민국, 1954년)

● 소녀와 비행기(대한민국, 1961년)

● 주부와 비행기(대한민국, 1962년)

● 수원화성과 비행기(대한민국, 1964년)

● 경회루와 비행기(대한민국, 1964년)

● 한국 항공우표(대한민국, 1973년)

대한항공 B707-300

● 한국 항공우표(대한민국, 1973년)

● 보잉 B747 점보 여객기 (대한민국, 1995년)

● 제트 전투기 F-4D 팬텀
공군 창설 20주년 기념(대한민국, 1969년)

● 북한 항공우표(북한, 1978년)

● 북한 항공우표(북한, 1978년)

● 체펠린과 경식 비행선(북한, 1987년)

● 소련 초음속 여객기 TU-144
(북한, 1987년)

● 기념우표

뜻깊은 일을 기념하기 위한 기념우표는 통상적으로 제한된 수량과 기간에만 발행돼 우표 수집가들에게는 인기가 많은 편이다. 더구나 항공분야의 기념우표는 희소성이 더 높아 흔히 볼 수 없다. 예컨대 국제민간항공기구(ICAO)와 같은 항공당국의 창립 기념우표나 각 항공사들의 운항 기념우표 등이 대표적이다.

● 국제민간항공기구(ICAO) 창립 10주년 기념(유엔UN, 1954년)

● 국제민간항공기구(ICAO) 가입 10주년 기념(대한민국, 1962년)

● 국제민간항공기구(ICAO) 가입 10주년 기념(가봉, 1967년)

● 국제민간항공기구(ICAO) 창립 10주년 기념(캐나다, 1955년)

● 국제민간항공기구(ICAO) 30주년 기념(소말리아, 1974년)

● 국제민간항공기구(ICAO) 30주년 기념(소말리아, 1974년)

● 국제민간항공기구(ICAO) 창립 30주년 기념(소말리아, 1974년)

● 국제민간항공기구(ICAO) 창립 40주년 기념(불가리아, 1984년)

● 국제민간항공기구(ICAO) 창립 40주년 기념(루마니아, 1984년)

● 국제민간항공기구(ICAO) 창립 50주년 기념(폴란드, 1994년)

● 국제민간항공기구(ICAO) 창립 50주년 기념(카타르, 1994년)

● 국제민간항공기구(ICAO) 창립 50주년 기념(베트남, 1994년)

● 네덜란드 항공 KLM 40주년 기념 (네덜란드, 1959년)

● 사베나벨기에 항공 40주년 기념 (벨기에, 1963년)

● 에어 가봉(가봉, 1977년)

ICAO

| 1947년 개최된 제1차 ICAO 총회

● 이집트 항공 25주년 기념 (이집트, 1957년)

● 에어 아프리카 항공 창립 기념 (모리타니아, 1961년)

특수 항공우표

우표의 모양은 직사각형, 정사각형 등 통상적으로 사각형이 많이 쓰이지만, 삼각형이나 역삼각형 모양 등 특수하게 발행되는 경우도 있다. 문양 또한 다른 나라의 우표에 자신들의 국가 이름이나 문양을 찍어 만든 가쇄우표도 발행되기도 했다. 항공우표에도 이러한 형태의 우표들이 발행되면서 심미적으로 색다른 분위기를 제공한다.

● 삼각우표(리투아니아, 1922년)

● 블레리오 11(라트비아, 1921년)

● 다빈치 비행기계(모나코, 1953년)

● 삼각우표(모나코, 1953년)

● 최초의 제트여객기 코멧(모나코, 1953년)

● 포드 트라이모터 수송기(라이베리아, 1936년)

● 삼각우표(모잠비크, 1935년)

● 마름모 항공우표(코스타리카, 1937년)

● 가쇄 항공우표(불가리아, 1945년)

● 가쇄 항공우표(불가리아, 1927년)

● 가쇄 항공우표(필리핀, 1933년)

● 가쇄 항공우표(온두라스, 1956년)

● 가쇄 항공우표(체코슬로바키아, 1922년)

비행 중인 벨 X-1

● 가쇄 항공우표(뉴기니, 1928년)

● 가쇄 항공우표(뉴기니, 1932년)

● 가쇄 항공우표(불가리아, 1946년)

● 가쇄 항공우표(시리아, 1926년)

항공엽서, 초일봉피

항공기와 열기구, 역사적 이슈 등 항공을 소재로 한 엽서와 우표가 발행된 첫날, 봉투에 그 우표를 붙여 소인을 찍은 초일봉피도 우표 수집가들에게 인기가 높다. 특히 우표보다 상대적으로 넓은 지면을 통해 다양하고 화려한 이미지와 문양으로 디자인된 엽서와 초일봉피는 우표와는 다른 시각적 즐거움을 선사한다.

● 우편기구의 출발(프랑스, 1955년)

● 기구 우편비행(영국 채널 제도 저지, 1973년)

● 1910년 개최된 비행대회 40주년 기념
(프랑스, 1950년)

● 아스트라 비행정
(영국 채널 제도 저지, 1973년)

● 드 하빌랜드 프로펠러 수송기
(영국 채널 제도 저지, 1973년)

● 파리-생 나젤 간 우편비행 개시
50주년 기념(프랑스, 1968년)

● 사베나 항공 보잉 B707 제트기
(벨기에, 1959년)

● 야간착륙 기념(프랑스, 1971년)

● 1959년 3월 21일 우편전용기의 야간착륙 기념
(프랑스, 1959년)

Public Domain

1859년 열기구를 통한 미국 최초의 우편 배송

● 1955년 1월 24일 툴루즈-사이공 노선개설 기념(프랑스, 1955년)

● 암스테르담-하노이-동경 비행 기념(1967년)

● 대한항공 서울-취리히 노선 개설 기념 (1978년 7월 14일)

● 대한항공 서울-바레인 노선 개설 기념 (1978년 5월 20일)

● 대한항공 서울-콜롬보-바레인 노선개설 기념(1978년 10월 18일)

● 대한항공 서울-뉴욕 노선 개설 기념 (1979년 3월 29일)

● 대한항공 서울-뉴욕 노선 개설 기념 (1979년 3월 29일)

● 제1회 항공의 날 기념(1981년 10월 10일)

이태원의 항공이야기 feat. 항공기 우표

초판 1쇄 발행 2023년 4월 10일
초판 2쇄 인쇄 2023년 6월 15일

지은이 이태원
엮은이 윤 신
기 획 ㈳한국항공정책연구소

펴낸이 ㈜와스코
출판등록 1991년 7월 26일 제11-59호
주 소 서울특별시 강서구 공항대로42길 23-3
전 화 02-3663-3011
팩 스 02-3663-3013
이메일 aerospace@wasco.co.kr
홈페이지 www.aviation.co.kr
출력 및 인쇄 ㈜웰컴 피앤피

가 격 20,000원
ISBN 978-89-88320-22-8 (03550)